GOLDMANN
ARKANA

Buch

»Erkenne dich selbst!«, lautet die große Aufforderung aller bedeutenden Lehrmeister wie Laotse, Konfuzius, Buddha, Sokrates oder Jesus an den Menschen. Solange wir uns nicht selbst erkennen, leben wir wie Schlafwandler und haben nicht die geringste Ahnung von unserem wahren Potenzial. Zum Potenzial eines jeden Menschen gehört, ein Leben in solch einer Tiefe zu führen, wie es die großen Lehrmeister der Menschheit vorgelebt haben – jedoch nicht im romantischen Sinne »zurück zur Natur«, sondern sich den Anforderungen der modernen technischen Welt stellend.

In diesem Buch stellt sich Kurt Tepperwein den ewig wiederkehrenden Grundfragen des Lebens, die Religion und Philosophie schon immer zu beantworten suchten. Das zentrale Thema ist das Erwachen des Einzelnen aus der »Ego-Trance« und die Hingabe seines Lebens an höhere Ziele. Das Leben zu meistern beginnt man erst dann, wenn der subjektiv gefärbte Schein der Realität durchschaut und die tiefer liegende Wirklichkeit erkannt wird. Erwachen zum wahren Sein bedeutet daher, die Trance der Selbstvergessenheit zu beenden und in voller Bewusstheit »das Leben zu einem Kunstwerk zu gestalten«. Tepperwein greift in diesem Buch nicht nur auf seine langjährige Erfahrung in Seminaren zurück, sondern zieht auch andere spirituelle Autoren wie Ken Wilber, Deepak Chopra oder Neale Donald Walsch zu Rate. Meditation, Erleuchtung und die Weisheit des Tao spielen dabei eine wichtige Rolle. So ist ein Werk entstanden, das für jeden verständlich und inspirierend ist und eine Orientierung bietet auf dem Weg zu wahrem Glück und Erfüllung.

Autor

Kurt Tepperwein, geboren 1932 in Lobenstein, war erfolgreicher Unternehmer, ehe er sich 1973 aus dem Wirtschaftsleben zurückzog. Er wurde Heilpraktiker und Forscher auf dem Gebiet der wahren Ursachen von Krankheit und Leid. Er lehrte als Dozent an verschiedenen internationalen Institutionen, unter anderen an der Friedensuniversität in Berlin. Seit 1997 ist Kurt Tepperwein Dozent an der Internationalen Akademie der Wissenschaften in Vaduz. Die von ihm entwickelte Technik des Mental- und Intuitionstrainings ist für viele Menschen unverzichtbarer Bestandteil ihres Lebens.

Von Kurt Tepperwein sind im Goldmann Verlag außerdem erschienen:

Die Geistigen Gesetze (21610), Geistheilung durch sich selbst (11738), Kraftquelle Mentaltraining (12141), Jungbrunnen Entsäuerung (14207), Der Weg zum Millionär (21551), Bewusstseinstraining (21549), Wunder vollbringen durch schöpferische Imagination (21642), Gesund für immer (21703), Von Angst zur Lebensfreude (21734), Verwirklichen (21735), Gelassenheit (21738), Erfinde dich neu (21752), Die hohe Schule des Lebens (21762), Selbstheilungskräfte aktivieren (21769), Das Buch der Erfolgsgesetze (21789), Die Kraft der positiven Psychologie (21793), Glücks-Gesetze (21814), Das Geldgeheimnis (16380)

KURT TEPPERWEIN

Erwachen zum wahren Sein

Die 12 Schritte zu sich selbst

GOLDMANN
ARKANA

Redaktionelle Mitarbeit: Hans-Jürgen Schröter

FSC
Mix
Produktgruppe aus vorbildlich bewirtschafteten Wäldern und anderen kontrollierten Herkünften

Zert.-Nr. SGS-COC-1940
www.fsc.org
© 1996 Forest Stewardship Council

Verlagsgruppe Random House FSC-DEU-0100
Das für dieses Buch verwendete FSC-zertifizierte Papier
München Super liefert Mochenwangen.

1. Auflage

Originalausgabe September 2008

Umschlaggestaltung: Design Team München
Umschlagillustration: Walter Holl/Klaus Holitzka (Sun)
Lektorat: Sabine Lechleuthner
WL · Herstellung: CZ
Satz: Buch-Werkstatt GmbH, Bad Aibling
Druck und Bindung: GGP Media GmbH, Pößneck
Printed in Germany
ISBN 978-3-442-21834-9
www.arkana-verlag.de

Inhalt

Vorwort

Die Menschheit erwacht! Gott sei Dank!

Heute sind es nicht mehr nur einzelne erleuchtete Wesen, die wie ein Leuchtturm als Wegweiser für andere Menschen dienen, es ist ein globales Erwachen, so als ob der Planet Erde durch den Menschen seiner selbst bewusst würde.

Wir können in der bisherigen Geschichte **zwei große »Epochen des Erwachens«** unterscheiden: zunächst das **Achsenzeitalter (etwa 500 vor Christus)** mit den großen Lebenslehrern Laotse und Konfuzius in China, die Upanischaden und Buddha in Indien, Zarathustra in Persien, den Propheten in Palästina, Sokrates und Platon in Griechenland.

In den drei Hochkulturen der Menschheit löste sich der mythische Geist und das mythische Zeitalter, entstanden Philosophie (Logik) und Wissenschaft (Astronomie und Mathematik), Recht und Ordnung in geregelten Gesellschaftssystemen. Mit ihnen (oder deren Nachfolgern wie Jesus und Mohammed) entstanden die großen Weltreligionen.

Ein zweites Erwachen können wir mit der **Epoche der Aufklärung im 16.–18. Jahrhundert in Europa** verbinden:

Kopernikus, Galilei, Descartes, Rousseau, Kant und die vielen anderen Namen, die uns in eine ganz neue Epoche der Menschheitsgeschichte geführt haben, die »Moderne«. Viele dieser führenden Köpfe berichteten in ihren Biographien von »Erleuchtungserlebnissen«, waren ganz andere »erleuchtete Wesen« als die der Achsenzeit. Sie wurden zu Giganten des wissenschaftlichen menschlichen Geistes, und alle verstanden sich als Licht gegenüber der Dunkelheit des Mittelalters.

Wir wissen, dass diese allzu verstandesorientierte und herzlose Moderne die Menschheit vor große globale Probleme gestellt hat (Rousseau erkannte dies schon in der Frühzeit und plädierte in seiner Gesellschaftskritik für ein romantisches Rückbesinnen des Menschen auf seine Naturkräfte und eine neue Religion).

Unsere globalen Probleme sind weitgehend »menschengemacht« und nur von Menschen zu lösen. Aber von Menschen, die sich aus den Problemen der Zeit wirklich erhoben haben, erwacht sind aus der gesellschaftlichen Hypnose des Medien-Konsums. Ähnlich der Renaissance im Mittelalter gegenüber den »Klassikern« findet heute eine Rückbesinnung statt auf eine authentische Spiritualität, Buddha und Jesus werden wieder gelesen, ihre Lehren praktiziert. Das führt uns zur **dritten Welle des Erwachens der Menschheit.** Es ist kein Erwachen unter einem religiösen Dogma, sondern der unmittelbaren Erfahrung des EINEN.

Die Menschheit ist reif, erwachsen zu werden. Das betrifft auch das Verhältnis zu Gott oder einem spirituellen Lehrer. Gott ist keine strafende Vaterperson mehr, ein spiritueller Lehrer kein unfehlbarer Allwissender. Der Weg des Erwachens ist zu einem persönlichen Weg geworden – jenseits der Persönlichkeit: in der Stille der Meditation und Kontemplation, im immer stärkeren Durchlichten der Welt.

Will die Welt **ein wirkliches Zuhause der Menschheit** werden, dann werden wir gemeinsam den **Einweihungsweg hin zu einer geeinigten und erwachten Menschheit** gehen.

Möge dieses Buch ein Beitrag auf diesem, Ihrem Weg sein.

Ihr Kurt Tepperwein

1.
Zu Bewusstsein kommen …

Die meisten Menschen leben ein Leben, das weit unter dem Niveau des tatsächlich Möglichen liegt. Geben wir uns also hier eine Chance, miteinander zu entdecken, welche wunderbaren Möglichkeiten unser Leben uns bietet – und das in jedem Augenblick.

Dabei kommt es darauf an, dass schon der erste Schritt stimmt. Es ist wie beim Zuknöpfen: Wenn Sie das erste Knopfloch verfehlen, ist alles nicht zu gebrauchen, was danach kommt. Bei diesem Buch ist es also besonders wichtig, dass wir von Anfang an stimmen.

Dabei sollten wir nicht versuchen, den zweiten Schritt vor dem ersten zu tun, sonst scheitern wir, bevor wir angefangen haben. **Über das Vorläufige finde zum Endgültigen, denn versäumst du das Vorläufige, verfehlst du das Endgültige.** Oft kann man den zweiten Schritt erst erkennen, wenn man den ersten getan hat. Also vollziehen wir zunächst den ersten Schritt.

Als Erstes stellen Sie einmal fest, WER dieses Buch liest!

Ich meine das ganz ernst. Schauen Sie einmal hin, fühlen Sie, nehmen Sie wahr. WER ist es, der das Buch liest, WER beginnt, diese Zeilen zu lesen?

Wenn Sie sagen: »Wer soll hier anders lesen als ICH?«, dann frage ich Sie: Wie kommen Sie darauf, dass Sie »Ich« sind? Was meinen Sie damit?

Beginnen Sie das Lesen dieses Buches in einer bestimmten ROLLE, z. B. als Mensch, der sich dadurch Meisterschaft in seinem Leben verspricht? Studieren Sie diesen Text als ein Mensch, der sein EGO befriedigen will, der mit dem Lesen eine konkrete Erwartung verbindet? Oder lesen Sie das Buch als SIE SELBST?

Wenn Sie jetzt prüfen, wer das Buch liest, stellen Sie fest, ob Sie damit zufrieden sind. Sorgen Sie dafür, dass der Richtige sich in diese Lektüre vertieft: ein Ego oder SIE SELBST. Jetzt, in diesem Moment! Prüfen Sie das einmal sehr sorgfältig, damit der Richtige dieses Buch liest – wir gleich beim Zuknöpfen das richtige Loch finden.

... durch Überschreiten des Verstandes

Mit dem Verstand werden Sie in diesem Buch nicht weit kommen. Deshalb wiederhole ich noch einmal kurz, wie Sie den Verstand überschreiten.

Wir werden jenseits des Verstandes immer wieder in die Ebene des Paradoxes kommen. In der können wir nur bestehen, wenn wir den Verstand loslassen und in die

Wahrnehmung gehen. Vielleicht darf ich Ihnen das mit einem Koan erleichtern – als Übung, den Verstand zu überschreiten:

Um anzukommen,
wo du schon immer warst,
musst du dich auf den Weg machen,
den es nicht gibt.
Und das Einzige,
das du sicher wissen kannst, ist,
dass du nichts weißt.
Wo du glaubst zu sein,
da bist du nicht,
und was du siehst,
gibt es in Wirklichkeit gar nicht,
sonst könntest du es ja nicht sehen.
Alles was ist, was wirklich ist,
ist nicht sichtbar.
Und erst wenn du angekommen bist,
wirst du erkennen,
dass du nie fort warst.

Versuchen Sie jetzt einmal, diese Sätze nicht mit der Logik zu verstehen, sondern zu spüren, was sie bewirken. Das hilft Ihnen, Ihren Verstand zu überschreiten. Denn er kann damit nicht viel anfangen.

Sie können das natürlich unterstützen, wenn Sie Ihr Kronenchakra öffnen, über sich hinauswachsen. Zwei Meter groß werden und das Zentrum Ihrer Wahrnehmung über Ihren Kopf legen und von dort aus leben.

Dann hört diese Form des Lernens auf, denn Lernen heißt in Zukunft: nicht mehr Wissen in den Verstand zu stopfen, etwas Gedachtes nachzudenken, sondern Zugang zur »Allwissenheit« haben, lesen im Buch der Schöpfung und bisher Ungedachtes, Unerkanntes erkennen.

Diese Reise zu sich selbst kann eine Ewigkeit dauern – oder sie endet in diesem Augenblick. Es ist Ihre Entscheidung. Wenn Sie also erwarten, bei diesem Lehrgang etwas zu lernen, werden Sie nicht enttäuscht werden, aber Sie betrügen sich selbst um das Wesentliche, das hier geschehen kann. Besser wäre es also, Sie lassen den Inhalt dieses Buches einfach geschehen.

Die neue Art des Lernens

Erleben Sie gleich die neue Art des Lernens. Die bisherige Art des Lernens ist Ihnen vertraut: zuhören, auswählen, merken, aufschreiben, sortieren, bewerten, durcharbeiten, alte Gewohnheiten ablegen, sich allmählich neue Gewohnheiten angewöhnen und endlich das im Alltag auch zu tun. Es ist Lernen mit dem Verstand.

Dabei wird vieles vergessen. Oder wir haben das Wissen, wenden es aber nicht an, bekommen dann irgendwann ein schlechtes Gewissen und fangen vielleicht wieder von vorn an. Nehmen nach zwei Jahren die Zeilen wieder hervor und sagen: »Ich möchte wieder einmal eintauchen.«

Die neue Art des Lernens, das Lernen im und als Bewusstsein, ist viel einfacher und vor allem wirkungsvoller.

Nur drei Schritte:

1. Wahrnehmen durch Lesen oder Zuhören.
2. Erinnern, dass ich es schon weiß.
3. Sein, der ich bin.

Lernen im traditionellen Sinne findet so überhaupt nicht mehr statt. Alles wird sofort Teil des eigenen Bewusstseins. Wenn wir aus dem Bewusstsein leben – oder besser: Wenn wir als Bewusstsein leben –, dann sind wir in jedem Augenblick auf dem letzten Stand. Wenn Sie wollen, hören Sie jetzt auf zu lernen. Fangen Sie an, einfach nur da zu sein. Da ist nichts mehr zu lernen oder zu verlernen, nichts zu üben. Nichts kann vergessen werden. Es stimmt einfach. Einzige Voraussetzung: Es stimmt nur, wenn Sie **als Bewusstsein** leben.

Prüfen Sie noch einmal, ob Sie mit Ihrem Bewusstsein wahrnehmen und seien Sie dabei mindestens zwei Meter groß und bleiben Sie dort. Lassen Sie das Zentrum Ihrer Wahrnehmung über dem Kopf, denn das hat den großen Vorteil: dort wird nicht gedacht. Das Denken geschieht unter Ihnen. Lassen Sie den Verstand ruhig weiter mit den Gedanken spielen, aber bleiben Sie eine Etage höher. Dort ist Gedankenstille. Dort ist Ruhe. Dort finden Sie »selbst« statt. Spüren Sie nicht nur hin, ob es geschieht. Tun Sie es!

Wachsen Sie also über sich hinaus und gehen Sie in diese Freiheit, in diese Stille. Unbeeindruckt von Persönlichkeit, Eigenschaften, Verhaltensmustern. Dort ist alles das nicht. Dort ist nur Bewusstsein.

Die 7 Lernschritte – von der Information zum Sein

1. Die Information richtig aufnehmen.
   Der Verstand will immer »NEUE« Informationen.
2. Die Information als Wesen sprechen.
   Die Sackgasse vermeiden: Was weiß ich schon?
   Die Frage ist, ob ich das Wissen lebendig werden lasse.
3. Das Wissen zur Erkenntnis verdichten.
   Was bedeutet das für MICH?
   Damit wird das Wissen individuell und persönlich.
4. Welche Konsequenzen ergeben sich aus meinen Erkenntnissen?
   Sich die Konsequenzen zunächst theoretisch bewusst machen.
   Die Konsequenzen praktisch im Leben umsetzen.
   Eventuelle Hindernisse und Blockaden erkennen und beseitigen.
5. Das führt zu Veränderungen in meinem Leben, bis hin zur Erkenntnis. Ich muss also meinen individuellen

Weg und die für mich besten Schritte finden und diese Schritte auch tun, den Weg auch gehen.

6. Das führt zu neuen Gewohnheiten.
   Ich muss aber auch die alten Gewohnheiten auflösen.
   Mich durch bestimmte Signale an neue Gewohnheiten erinnern:
   – Uhr piepst jede Stunde oder
   – immer wenn ich durch eine Tür gehe,
   dann umsetzen.
7. Wenn ich den Weg gefunden habe und erfolgreich gehe, werde ich so selbst zum Weg – zum Vorbild.
   Dann lebe und lehre ich, was ich weiß.
   Das ist dann »gelebte Weisheit«!

... durch die Intuition

Nur dort können wir Intuition unmittelbar erreichen. Solange Sie im Verstand sind und solange der Verstand denkt (und das tut er immer), ist die Leitung besetzt. Intuition geschieht ständig, kann Sie aber nicht erreichen. Die Intuition kommt nicht durch. Mal in seltenen Augenblicken, zwischen zwei Gedanken, am besten, wenn Sie sich tage- oder wochenlang mit einer Aufgabe auseinandergesetzt haben, nicht weiterkommen und verzweifelt loslassen. Sich dann sagen: »Es hat keinen Zweck, ich schaffe es nicht. Ich gebe auf! Ich lasse los.« In diesem Moment ist für einen kleinen Augenblick die Leitung frei. Jetzt kann Intuition geschehen. Viele große Entdeckungen, Gedanken sind in dieser winzigen Pause gedacht worden, haben unser Bewusstsein erreicht. Wir sprechen dann von »Einfall«, »Inspiration«, »Eingebung«, einer »zündenden Idee«.

Wenn wir im Bewusstsein leben, sind wir ständig offen für Intuition. Wir haben somit eine Dauerleitung geschaltet. Ich bin sicher, dass unsere Enkel bereits in der Schule lernen werden, ihrer Intuition zu folgen. Sie werden nicht mehr totes Wissen anhäufen, sondern lernen, wie man über die Intuition ständigen Zugang zu allem Wissen der gesamten Menschheit hat und zu dem allumfassenden Wissen des »All-Bewusstseins«. Es gilt, sich auf das universelle Informationsfeld einzustimmen. Machen Sie mit.

Übung zur Intuition

Stellen Sie sich vor, außerhalb Ihres Körpers ist ein unendliches Meer von Energie, und dieses Energiemeer enthält alle Informationen, alles Wissen. Das »All-Bewusstsein« umgibt Sie, endet aber an Ihrem Körper. Sie tauchen erst ein, wenn Sie Ihren Körper überschreiten und in dieses allumfassende Informationsfeld eintauchen, die Gedanken hinter sich lassen und wahrnehmen.

Wenn Sie jetzt dort sind, kommt es darauf an, dass Sie Ihre Wahrnehmung einmal wahrnehmen, sonst merken Sie gar nicht, was Sie alles wissen. Richten Sie einfach Ihr Bewusstsein auf eine Frage, auf eine Aufgabe und bleiben Sie dort und schauen Sie hin! Und ehe Sie sich die Frage ganz bewusst gemacht haben, haben Sie die Antwort.

Probieren Sie es gleich aus!

Das heißt also, dass wir uns in der Zukunft in das universelle Informationsfeld einschalten werden und dort die benötigte Information einfach ablesen, anstatt im Gehirn danach zu suchen. Wir werden in der Schule der Zukunft mit jedem beliebigen Teil des Universums verschmelzen und so eins werden, dass wir alles über diesen Menschen oder über diese Sache in uns fühlen. Wir werden aus dieser Verschmelzung unseres Bewusstseins heraus alles wissen.

Tauchen Sie doch einmal ein und verschmelzen Sie mit allem. Nicht nur ein Bewusstsein, ein »Sein«!

Wenn Sie noch einen Schritt weiter gehen können und die Einheit spüren, überschreiten Sie auch die Einheit. Denn die Einheit ist noch Teil der Dualität. Nur in der Dualität gibt es Einheit. Gehen Sie einfach einen Schritt weiter, und wir sind. Nicht miteinander, ineinander, beieinander, wir sind. Aus diesem Sein können wir jederzeit eintauchen in das »Scin« des anderen. Können sein »So-Sein« erfassen, erleben, wissen, spüren, kennen den anderen. Niemand kann Sie belügen!

Beginnen wir mit dieser Einheit. Jedoch nicht wie in einer Meditation! Wir stellen uns auf Zehenspitzen, tauchen ein in die Einheit, werden eins miteinander, ein Bewusstsein und lassen uns wieder heraussinken. Zurück ins »Ich«, in die Persönlichkeit.

Bleiben Sie doch einmal für den Anfang, nur übungshalber, zwei Tage lang mit allem »eins«. Die ganze Zeit! Ein Bewusstsein, ein »Sein«!

Nehmen Sie sich Zeit und Muße in sich hineinzuhören, nach innen zu lauschen, auf das, was da innen ist.
Wenn Sie ganz eintauchen, haben Sie auf einmal keinen Körper mehr. ... Sicher, wenn Sie das jetzt lesen, denken Sie sofort wieder an Ihren Körper und spüren ihn wieder. Aber Sie können sofort wieder herausgehen und sind außerhalb Ihres Körpers. Sie sind frei! Ein wunderbares Wohlgefühl erfüllt Sie. Sie treten ein in diesen Augenblick, und die Zeit steht still. Gehen Sie einmal mit in die Zeitlosigkeit. Sobald Sie über sich hinauswachsen, ist keine Zeit mehr – oder alle Zeit.
Bleiben Sie einmal oberhalb Ihres Körpers und nehmen Sie ganz bewusst Zeitlosigkeit wahr. Die Zeit steht nicht still, vielmehr: Es gibt sie nicht! Alle Ewigkeit ist jetzt!
In dieser Zeitlosigkeit können Sie wahrnehmen, Ihre Intuition wahrnehmen. Aber sobald da wieder jemand ist, der wissen will, sind Sie wieder im Verstand und in der Zeit.
Seien Sie nicht jemand, der wahrnehmen will, sondern seien Sie die Wahrnehmung. Lösen Sie den auf, der wahrnehmen will, der wissen will. Seien Sie selbst Wahrnehmung! Dann machen Sie sich bewusst: Das ist Ihr natürlicher Zustand. Da ist keiner, der handelt, keiner, der wahrnimmt. Da ist nur Wahrnehmung. Kein Körper, keine Sorgen, keine Zeit. Sobald Sie aus Ihrem Körperbewusstsein herausgehen, sind Sie frei. Sie entscheiden, ob Sie draußen bleiben.

Es gibt eine Stelle im Körper, die die Chinesen das »Tor zum Himmel« nennen. Sie können diese Stelle genau lokalisieren, vielleicht sogar fühlen, sie sitzt an Ihrem Hinterkopf.

Die Lebensberater und Menschenkenner wissen, es ist **der Ego-Punkt.** Dort, wo Ego, Materie und Körper enden. Das Ende der Wirbelsäule, die geistig weiter reicht, als Sie sie anatomisch fühlen. Der Schritt aus der Materie heraus in die Bewusstheit. Vor dieser Tür ist Materie, ist Verstand, ist Ego, ist Zeit, ist Dualität, ist Illusion. Sobald Sie diesen Schritt durch das Tor zum Himmel tun, ist Bewusstheit, Eintreten in das »Ich bin«, in die Ewigkeit, in die Wirklichkeit.

Probieren Sie es gleich aus!

Dieses Tor zu höherem Bewusstsein spielt in den alten Mysterien-Schulen, bei den Rosenkreuzern, bei den Sufis, eine große Rolle. Es kann bewusst geöffnet werden, und wer hindurchgeht, erkennt die Geheimnisse des Lebens unmittelbar.

Es ist niemand da, der Sie drängt, aber wenn Sie wollen: Hier ist die Tür. Sie ist offen, und Sie können eintreten. Jetzt, in der nächsten Inkarnation, irgendwann.

Diese Tür ist seit Ewigkeit in Ihnen und war immer offen. Niemand ist da, der Sie hindert hindurchzugehen. Es ist keine geheime Einweihung nötig. Keine entbehrungsreichen Jahre zu Füßen eines Meister im Himalaja. Sie brauchen vorher nicht erleuchtet zu sein. Sie öffnen einfach die Tür und gehen hindurch. Verlassen Materie, Raum und Zeit.

Wenn Sie dort hinspüren, in diesen anderen Raum, wer ist jetzt in diesem anderen Raum? Es ist kein Ich! Kein Ich kann diesen anderen Raum betreten. Kein Verstand, kein Ego, keine Persönlichkeit kommt dorthin. Wenn Sie dort sind, sind Sie dort als reine Bewusstheit.

In dem Augenblick, in dem wir diese geheime Pforte durchschreiten, erleben wir den Durchbruch zu befreiender Einsicht: Wir nehmen wahr, wer wir wirklich sind.

Nehmen Sie einmal wahr, wer Sie jetzt dort sind.

Und als der, der Sie dort sind, machen Sie sich den nächsten Schritt bewusst. Nämlich, was Loslassen wirklich bedeutet.

... *durch Loslassen*

Was immer man erreichen will, man muss zuvor etwas loslassen. Wenn Sie von einem »Ist-Zustand« in einen »Soll-Zustand« kommen wollen, dann müssen Sie den »Ist-Zustand« zuvor loslassen, sonst kann sich nichts verändern. Um etwas loslassen zu können, müssen Sie zuvor erkennen, was das ist. Sie müssen es sich bewusst machen. Sie müssen also diesen »Ist-Zustand« akzeptieren.

Jetzt wäre die Möglichkeit, sich selbst bedingungslos anzunehmen. Bevor sich etwas ändern kann, etwas Großes oder etwas Kleines, müssten Sie sich selbst bedingungslos bejahen.

Prüfen Sie einmal, ob Sie bereit sind, »Ja« zu sagen zu sich selbst. So, wie Sie sind, auf allen Ebenen, mit allen Aspekten: Persönlichkeit, Körper, Ego, Verstand, Zukunft, Name, Vergangenheit, Rolle, Beziehungen.

> Wenn Sie etwas
> nicht bejahen können,
> werden Sie es nicht los.

Sie müssen also zunächst bedingungslos »Ja« sagen zu sich selbst. Denn das, was ist: ist! Solange Sie dagegen sind, kämpfen Sie gegen die Wirklichkeit. Was jetzt ist, kann niemand ändern. Akzeptieren Sie aber, was jetzt ist, können Sie bestimmen, was gleich sein wird. Aber dazu müssen Sie zunächst einmal das »Jetzt« akzeptieren. Dann können Sie es jetzt ändern.

Zur Veranschaulichung: Sie zielen mit einem Bogen auf eine Scheibe. Zuerst müssen Sie den Bogen spannen, das heißt Energie aufwenden. Sie müssen zielen, Intelligenz einsetzen. Ich meine dabei nicht Verstand. Denken ist immer nur ein Zeichen mangelnder Intelligenz. Ein schwacher Ersatz für das, was eigentlich auf Sie wartet. Selbst wenn Sie das alles gemacht haben und über einen hervorragenden Bogen, eine ruhige Hand, ein sicheres Auge und einen kraftvollen Arm verfügen: **Wenn Sie den Pfeil nicht loslassen, passiert gar nichts.**

Bevor etwas werden kann, müssen Sie loslassen. Sonst kann der Pfeil sein Ziel nie erreichen.

Sie sagen: »Das weiß doch jeder. Das sollte so sein!« Ich bin ganz Ihrer Meinung, aber warum tun es die Menschen im tagtäglichen Leben nicht? Warum akzeptieren sie nicht erst einmal das »Jetzt«, damit sie Herr über das »Gleich« werden können?

Warum lassen Sie nicht los, was längst nicht mehr zu Ihnen gehört? Gewohnheiten, Verhaltensmuster, die Sie angenommen haben, die meisten als Kinder. Die Programmierungen sind schon lange nicht mehr passend.

Was passiert, wenn Sie einem normalen Menschen sagen: »Um sein Ziel zu erreichen, muss man es vorher loslassen«? Er wird Sie für verrückt halten. Genau das aber ist zu tun. Solange Sie versuchen, etwas mit Mühe zu erreichen, erhöhen Sie nur den Widerstand. Erst wenn Sie geschehen lassen, öffnet sich das Tor des Gelingens, und dann brauchen Sie gar nichts zu machen, es geschieht. **Sie werden in diesem Lehrgang lernen, Dinge geschehen zu lassen und damit zu erreichen, was immer Sie wollen.**

Loslassen ist Befreiung

Ich möchte Ihnen gerne von der Affenfalle erzählen, die man in Südindien verwendet:

Wenn man einen Affen fangen will, nimmt man eine hohle Kokosnuss und macht ein Loch hinein, das gerade groß

genug ist, dass man mit einer kleinen Affenhand hineinkommt. Dann hängt man diese Kokosnuss mit einem starken Seil an einen Baum.
Wenn nun ein Affe vorbeikommt – und Affen sind dort überall –, legt man einen Leckerbissen für den Affen in die Kokosnuss, lässt den Bissen, die Kokosnuss los und tritt zurück. Kaum sind Sie weg – Sie brauchen nur ein paar Meter zur Seite zu gehen –, ist der Affe blitzartig dort. Er greift in die Kokosnuss, will den Leckerbissen herausholen und bekommt seine Faust nicht mehr heraus. Er zieht und zerrt.
Sich zu befreien wäre ganz einfach. Er bräuchte nur loszulassen, aber das ist das Einzige, was er nicht macht. Er will den Leckerbissen haben, und durch dieses Habenwollen sitzt er in der Falle.

Bei den anderen Affen funktioniert es ganz genauso. Und ebenso bei den Menschen und bei Ihnen. Es ist das Habenwollen, mit dem auch Sie in der Falle des Egos sitzen. Sie wollen etwas haben, geben sich Mühe und merken gar nicht, dass Sie schon in der Falle sind. Sie bräuchten nur loszulassen und wären frei. Stattdessen tun Sie alles Mögliche, wie der Affe.

Es ist ganz einfach. Solange Sie irgendetwas haben wollen, einen Wunsch hegen – sitzen Sie in der Falle. Sie haben Erwartungen, Sie vergleichen das, was Sie hören, mit Ihrer Erwartung: Entspricht es ihr? Sind Sie zufrieden oder nicht? Haben Sie mehr bekommen, als Sie erwartet haben? Dann dürfen Sie sich freuen. Dann hat es sich gelohnt, diesen Lehrgang absolviert zu haben. Wenn nicht, dann kommt es vielleicht noch. Sie sitzen in der Falle.

Sie sind Teilnehmer, Sie sind im Ego, im Verstand. **Nach diesem einfachen Prinzip funktionieren alle Fallen bis in höchste spirituelle Höhen.** Das Geheimnis ist immer: loszulassen.

Überlegen Sie ernsthaft, an was Sie hängen. Und überprüfen Sie alles, was Sie finden, darauf, ob Sie bereit sind, es loszulassen. Dann lassen Sie auch den Schmerz los, und dann lassen Sie auch das Loslassen los. Lassen Sie anschließend den los, der loslässt.

... durch ewig währende Meditation

Werden wir uns bewusst: Eine Meditation, die irgendwann wieder einmal endet, verdient den Namen Meditation nicht. Eine Meditation ist etwas, das irgendwann beginnt und nie wieder endet. Wenn dies bisher bei Ihnen noch nicht so war, haben Sie jetzt die Chance, damit zu beginnen. Es endet nie wieder.

Treten wir nun ein in die ewig währende Meditation.

Übung zur Selbstwahrnehmung

Ich nehme mich einmal ganz bewusst wahr. Nehme meinen Körper wahr und nehme mein Werkzeug Körper ganz bewusst in Besitz. Ich durchdringe und erfülle meinen Kör-

per bis in die letzte Zelle mit Bewusstsein. Ich nehme meinen Körper überall gleichzeitig wahr. Ich überprüfe, ob ich im Verstand bin, denn das kann der Verstand nicht. Der kann nur hier oder dort wahrnehmen.
Sie aber gehen als der, der Sie sind, in Ihren Körper und nehmen Ihren Körper überall gleichzeitig wahr. Sie spüren ihn überall gleichzeitig. Wenn es hilft, machen Sie die Augen zu. Spüren Sie nun überall gleichzeitig Ihren Körper.
Dann machen Sie sich Ihren Atem bewusst: Ich atme ganz ruhig und gleichmäßig ein und aus. Nun konzentriere ich die Vielzahl meiner Gedanken auf einen Punkt. Ich beobachte meinen Atem. Ich verändere nichts, beobachte nur. Ich lasse alles andere ganz bewusst los. Kommt ein anderer Gedanke, dann sage ich: »Jetzt nicht, jetzt beobachte ich meinen Atem.«
Ich atme mit meinem ganzen Körper. Atme auch mit meinem Gehirn. Und dann atme ich über meinen Körper hinaus. Erlebe ganz bewusst, es atmet mich. Nicht »Ich« atme, sondern »Es« atmet mich. Da ist kein anderer Gedanke mehr, nur noch: »Es« atmet mich. Ich spüre, wie »Es« mich atmet. Jetzt lasse ich den Atem los und erlebe bewusst Gedankenstille.
Dann lasse ich auch mich los. Ich bin reine Wahrnehmung. Da ist kein Körper mehr, kein Atem, kein »Ich«. Ich erlebe mich als reine Existenz, vollkommenes Dasein. Ich bin weder dies noch das. Ich bin nicht einmal mehr alles. Ich bin mit nichts mehr identifiziert. Ich erlebe mich als reine vollkommene Existenz. Ich bin pure Bewusstheit.

Als diese pure Bewusstheit kehre ich wieder zurück in das Hier und Jetzt, zurück in diesen Augenblick.
Ich nehme als Bewusstheit mein Werkzeug Körper in Besitz. Trete wieder als Persönlichkeit in Erscheinung, aber ich spüre, wie Körper und Persönlichkeit von dieser puren Bewusstheit erfüllt sind. Spüre, wie diese Bewusstheit Körper und Persönlichkeit ständig verändert. Nehme wahr, wie mein Körper und meine Persönlichkeit immer mehr ein vollkommener Ausdruck dessen werden, der ich wirklich bin. Mein Körper, meine Persönlichkeit sind so im Einklang mit meinem »Sein«.

Jetzt bleiben Sie als diese Bewusstheit in Ihrem Körper. Treten als diese Bewusstheit durch Ihre Persönlichkeit in Erscheinung. Sie sind nicht mehr identifiziert mit dem Körper. Wenn Sie sagen: »Ich« oder »mich«, meinen Sie nicht mehr Ihre Persönlichkeit, sondern diese Bewusstheit. Machen Sie jetzt Ihre erste lange Meditation und halten Sie für die nächsten 24 Stunden diese Bewusstheit.

Zusammenfassung der Schritte

Machen wir uns noch einmal bewusst, dass wir den zweiten Schritt nicht tun können, bevor der erste getan ist. Bevor wir unser Meisterbewusstsein ausbilden, müssen wir überhaupt erst einmal zu Bewusstsein gekommen sein.

Haben Sie die Schritte, die Sie bis jetzt gelernt haben,

auch getan? Entweder haben Sie die Schritte getan oder Sie haben sich nur vorgestellt, diese Schritte zu tun. **Deshalb werden wir die Schritte noch einmal kurz miteinander gehen.**

Der erste Schritt war zu prüfen: WER liest hier diesen Text? Die Antwort »ICH«, haben wir erkannt, ist keine Antwort. ICH gibt es nicht. Wer soll das sein? Also entscheiden Sie sich, wer das Buch liest. Wenn Sie sich dessen bewusst sind, machen wir den nächsten Schritt, nicht als Ego, sondern als Sie »selbst«.

Der zweite Schritt war, aus dem Verstand herauszugehen. Das geschieht am einfachsten, wenn Sie Ihr Kronenchakra öffnen. Stellen Sie sich vor, Sie sind in Wahrheit Energie und lassen Ihren Energiekörper herauswachsen, werden zwei Meter groß. Wenn Sie ein Bild brauchen, stellen Sie sich vor, Sie haben ein Cabriolet und machen das Dach auf, stellen sich hin und gucken oben hinaus. Unter Ihnen ist Ihr »Selbst«, das Auto, und Sie schauen oben heraus. Versuchen Sie das jetzt einmal. Bleiben Sie so groß, bleiben Sie draußen. Bleiben Sie mit Ihrem Wahrnehmungszentrum außerhalb Ihres Körpers, die ganze Zeit. Am besten ein Leben lang.

Wenn Sie da draußen sind (über sich hinausgewachsen sind), können Sie am leichtesten die Schritte zum Bewusstsein tun, Sie sind ja aus dem Verstand herausgetreten – in einen Zustand, den ich als Musikhörbewusstsein bezeichne: Es gibt nichts zu lernen. Sie müssen nicht an sich arbeiten. Sie haben frei, Sie können sich zurücklehnen. Wie in einem Konzert. Sie lassen einfach geschehen. Denn das ist das Wichtigste. Die Information auf den Blättern ist nur der Trostpreis für diejenigen, die doch im Verstand bleiben wollen. Vollziehen Sie jetzt den Schritt vom Verstand ins Musikhörbewusstsein. Sie haben frei. Sie lehnen sich zurück. Sie lassen geschehen, aber Sie sind offen, Sie gehen aktiv mit der Musik mit.

Der dritte Schritt war die neue Art des Lernens. Nicht mehr Informationen sammeln, Wissen, neue Gewohnheiten annehmen, die alten abgewöhnen, an sich arbeiten, Disziplin üben. Sie können all das vergessen. Vollziehen wir den Schritt noch einmal ins neue Lernen: Wahrnehmen, Er-innern, Sein.

Er-innern in zwei Worten. Das heißt also, Sie lassen alles nach innen hinein und prüfen dort, ob es für Sie stimmt. Seien Sie hierbei ganz kritisch. Halten Sie alles, was Sie hier lesen, an Ihren inneren Maßstab, und wenn es damit im Einklang ist, integrieren Sie es, und Sie werden sehen: Es gibt keine Arbeit, keine Mühe, keine Disziplin, keine Enttäuschung. Sie sind immer auf dem letzten Stand.

Dann **der vierte Schritt**, das Loslassen aus der Affenfalle. Wo hängt Ihr Affe noch in der Falle, und wie bekommen Sie ihn da heraus? Prüfen Sie noch einmal ernsthaft: An was hängen Sie? Denn wenn Sie auf dem Weg zur Meisterschaft sind und irgendwo hängen, dann bleiben Sie stecken. Dann können Sie den Rest des Weges vergessen. Dann können Sie den anderen nur nachschauen. Also: Gibt es noch irgendetwas, an dem Sie hängen?

Es hat keinen Zweck, sich jetzt vorzustellen oder einzureden: Ich habe alles hinter mir gelassen, ich bin vollkommen frei für den spirituellen Weg. Es kommt nicht darauf an, dass wir uns selbst etwas vormachen. Es kommt darauf an, dass wir echt, ehrlich, authentisch sind und kritisch prüfen: Hänge ich noch irgendwo fest? Wo gibt es eine Schwierigkeit loszulassen?

Sie sind ein Schöpfer. Sie können alles haben. Sie erteilen einen Auftrag. Wenn Sie den aber nicht loslassen (wie einen Brief, den man in den Postkasten fallen lassen muss), passiert nichts. Sie müssen ihn in den Briefkasten werfen. Also, auf den Weg geben. Das heißt für Sie: loslassen.

2.
Das Leben zu einem Meisterwerk gestalten

Wenden wir unsere Aufmerksamkeit nun der Frage zu, wie wir das Leben zu einem Meisterwerk gestalten können. Das Leben meistern schließt alle Lebensbereiche ein. Beruflich meisterhaft sein, sich privat jedoch dilettantisch verhalten geht nicht.

Der zentrale Kern des Meisterbewusstseins ist das Schöpferbewusstsein. Meister sind bewusste Schöpfer.

Vom Opfer zum Schöpfer

Ich mache mir bewusst, dass ich alles erreichen kann, was ich will, ich bin ein Schöpfer.

In dem Augenblick, in dem ich mir einen erwünschten Endzustand vorgestellt habe, brauche ich mich nur in die Energie des erfüllten Wunsches zu versetzen. Das ist das ganze Geheimnis. Ich darf nicht in der Hoffnung stehen bleiben, zum Ziel hinzuschauen, sondern ich muss vom Ziel aus dankbar zurückschauen – weil ich es erreicht habe.

Nehmen Sie sich einen Wunsch oder Ziel nach dem anderen vor, einen erwünschten Endzustand nach dem anderen, versetzen Sie sich in die Erfüllung – dann haben Sie es. Es geht nur so!

Spüren Sie das Gefühl der Freude und Dankbarkeit, dass Sie das erreicht haben? Ich erinnere Sie noch einmal an die biblische Formulierung dieses geistigen Gesetzes:

> »Bittet, um was Ihr wollt. Glaubt nur,
> dass Ihr es erhalten habt,
> und es wird euch werden«.

Man muss zunächst einmal dankbar erkennen, dass man es erreicht und erhalten hat.

Wissen Sie, dass Jesus Lazarus von den Toten erweckt hat? Das Erste, was er damals gesagt hat, war: »Vater, ich danke dir, dass du erhörst, wie du mich alle Zeit erhört hast.«

Jesus hat sich in die Energie des erfüllten Wunsches versetzt. Er hat sich dankbar bewusst gemacht: »Ich bin ein Schöpfer, und wenn ich etwas sage, dann geschieht es. Ich bin dankbar, dass es wieder einmal geschehen ist.« Und als er sich das bewusst gemacht hatte, sagte er: »Lazarus, steh auf!« Das ist das ganze Geheimnis.

Versetzen Sie sich in die Energie des erfüllten Wunsches. Wenn Sie am Ziel sind, können Sie loslassen. Sie haben es gerade erreicht. Jetzt dauert es einige Zeit, bis das Erwünschte in Erscheinung tritt. Das ist einerseits bedingt durch die Trägheit der Materie. Andererseits zeigt es den Grad Ihrer Meisterschaft. Ein vollkommener Meister manifestiert alles sofort. Alles tritt sofort in Erscheinung.

Es ist wie bei einem Bauern. Stellen Sie sich vor, Sie haben den Boden gekauft, den Acker gepflügt, gedüngt, geeggt. Sie haben das beste Saatgut erworben. Sie haben einen Plan gemacht. Sie haben das Saatgut in der Hand. Sie stehen auf dem Feld. Wenn Sie das Saatgut nicht hergeben, es nicht loslassen, nutzt die ganze Vorbereitung nichts. Es passiert nichts. Sie brauchen nur die Hand aufzumachen, das Saatgut fallen zu lassen, loszulassen. Sobald es herunterfällt, ist es geschehen, den Rest können Sie dann der Natur überlassen.

Das geht am einfachsten, wenn man nicht denkt, dass man gerne dieses oder jenes getan hätte. Es **funktioniert nur, wenn ich es gerade in meiner Vorstellung erreicht habe.** Denn nur das, was ich mir wirklich vorstellen und in Dankbarkeit loslassen kann, ist wirklich stimmig.

In der Vorstellung heißt das: auf der Kausalebene. Dann habe ich es auf der geistigen Ebene bereits verwirklicht. Es ist geschehen. Jetzt lasse ich es mit dem Gefühl der Dankbarkeit los, damit es sich im Außen auch manifestieren kann. Das kann ein paar Tage oder länger dauern, selten jedoch länger als ein paar Wochen. Das Leben kann in praktisch ganz kurzer Zeit alles verwirklichen, wenn es stimmig ist.

Ist es stimmig?

Wir tun im Leben vieles, was nicht wirklich stimmt. Das verursacht bei mir oder dem anderen eine Disharmonie, führt zu Krankheit und Leid. Wir tun etwas aus dem Ego heraus, wollen recht haben, wollen uns durchsetzen, wollen etwas zu unserem Vorteil verändern. Aber es stimmt nicht. Es zerstört mehr, als es heilt.

Stimmigkeit ergibt sich nicht aus dem Ego, sondern aus dem SELBST. Und das Wunderbare dabei ist: Was für das SELBST stimmt, stimmt auch für den anderen, stimmt letztlich für die ganze Schöpfung. Es ist wieder ganz einfach, jede Situation zu heilen: Es so zu tun, dass es für einen SELBST, für das Herz, für die Seele stimmig ist. Stimmigkeit ist Einklang mit der Schöpfung. Denn, was ein Schöpfer bewirkt, ist stimmig. Und was für mich stimmig ist, ist auch für dich stimmig.

Der Schritt vom Opfer zum Schöpfer

Wenn wir auf die Welt kommen, sind wir die geborenen Opfer. Wir sind abhängig von unserer Umwelt. Wir können nichts für uns tun. Wir sind darauf angewiesen, dass unsere Mutter uns liebt und wir etwas zu essen bekommen.

Es ist das Paradies. Wir werden an die Brust gelegt, lassen uns »volllaufen«, bis die Arme abstehen – und fühlen uns so richtig wohl. Das ist natürlich wunderschön, bedeutet aber auch Opfer zu sein! Man kann die Dinge nicht in die Hand nehmen. Ein bisschen vielleicht, aber das ist nicht viel.

Irgendwann im Laufe des Lebens muss ich dann erwachsen werden. Das heißt, ich muss mich erkennen, erinnern, wer ich wirklich bin, und akzeptieren, dass das Opferdasein Illusion war. Ich war nie in Wirklichkeit ein Opfer. Ich war immer der Schöpfer. Ich hatte es nur vergessen. Sobald ich mich erinnere, fange ich an zu schöpfen.

Als Schöpfer kann ich jetzt alles verwirklichen, was ich haben möchte. Jetzt gehe ich in den erwünschten Endzustand ... und ich gehe in die Energie des erfüllten Wunsches und bin dankbar, dass dieses Problem gelöst ist ... Ich freue mich, dass ich jetzt als Schöpfer mein Leben bewusst und zu meiner Zufriedenheit gestaltet habe. Jetzt weiß ich, dass es keine Probleme mehr gibt. Es sei denn, ich denke wieder als Opfer.

Sie können es jetzt vollziehen und vollzogen haben, und es ist ein für alle Mal erledigt. Sie gehen in die Energie des erfüllten Wunsches und sagen: »Dafür bin ich dankbar, und dann lasse ich das los. Mit diesem Gefühl der Freude und Dankbarkeit, ich, ein Schöpfer, habe gerade .... Es ist vollbracht. Es ist erledigt.«

Der Weg der Freude

Nehmen Sie nicht alles so tierisch ernst, gehen Sie nicht so ernst durchs Leben und schöpfen Sie nicht so still vor sich hin. **Das Leben ist Freude.** Sie können alles haben, was Sie wollen. Wenn Sie ein Problem haben, und es ist Ihnen bewusst, dann wird Ihnen augenblicklich die Möglichkeit gegeben, dieses Problem ein für alle Mal zu lösen. Es ist nicht mehr existent. Zweifeln Sie nicht daran, sondern gehen Sie immer wieder einmal ins Bewusstsein und sagen: »Mensch, bin ich froh, dass das endlich erledigt ist. Da ist mir wirklich ein Stein vom Herzen gefallen. Da ist mir jetzt viel leichter, dass ich jetzt weiß, da kann schon nichts mehr passieren.«

Dann sind Sie frei für eine neue Schöpfung. Vielleicht helfen Sie den anderen, sich auch an sich selbst zu erinnern. So geht es Schritt für Schritt weiter. Sie haben sich erinnert, kein Opfer mehr zu sein. Sie hören auf, ein Opfer zu sein. Sie sind ein Schöpfer.

Bleiben Sie im Schöpfer-Bewusstsein

Gehen wir noch einmal einen Schritt zurück. Prüfen Sie gerade einmal: Wie groß sind Sie in diesem Augenblick? Sind Sie noch in Ihrem Cabriolet oben draußen? Oder sind Sie heruntergerutscht? Dann gehen Sie wieder hinaus!

Wann immer es Ihnen in den Sinn kommt, prüfen Sie,

ob Sie wieder über sich hinauswachsen. Ob Sie wieder in der Gedankenstille, in der Wahrnehmung, im Sein sind. Wenn Sie draußen sind, spüren Sie einmal, dass Sie nur dort – außerhalb des Verstandes, in der Gedankenstille – frei von Verhaltensmustern sind, von alten Prägungen, von Vergangenheit. Da ist nichts. Sie sind im universellen Informationsfeld des All-Bewusstseins.

Bleiben Sie einmal mit Ihrem Energiekörper draußen und richten Sie Ihr Bewusstsein auf irgendeine Frage, eine Situation, eine Aufgabe und erleben Sie die Lösung. Sobald Sie sich der Aufgabe bewusst sind, geschieht die Wahrnehmung der Lösung.

Nicht mit dem Verstand hinschauen! Der sagt: »Das will ich wissen. Wo ist die Antwort?« Nein, da sind Sie im Verstand und fangen an, darüber nachzudenken.

Noch einmal! Den Verstand unter sich lassen. Sie wachsen über sich hinaus. Es ist wie das Überschreiten im Auto. Solange Sie das Dach geschlossen halten, ist der Raum, Ihr Selbst, nur dieses Auto, die kleine Welt. Machen Sie aber das Dach auf, sind Sie in der Grenzenlosigkeit, im All-Bewusstsein. Am Anfang kann es sein, dass Sie ein bisschen warten müssen, weil es noch ungewohnt ist.

Die Antwort selbst kommt jedoch immer sofort. Nur die Wahrnehmung der Antwort kommt nicht immer sofort. Sie brauchen vielleicht eine kleine Weile, bis Sie wahrgenommen haben, was Sie wahrgenommen haben.

Sie können also jederzeit eine Antwort ersitzen, indem Sie über sich hinauswachsen. Am besten bleiben Sie dort, richten Ihr Bewusstsein auf eine Situation und nehmen dann wahr, was ist: die Lösung, die Antwort. Die beste Antwort auf eine Frage ist, wenn die Frage verschwindet. Wenn Sie keine Antwort mehr brauchen. Dann hat es sich erledigt.

Aber Sie können auch jede Antwort haben. Also bleiben Sie jetzt einmal ganz bewusst draußen. Richten Sie das Bewusstsein auf irgendetwas, auf eine Frage z. B. Das ist kein Tun. Sobald Sie tun, sind Sie wieder im Ich, in der Persönlichkeit. Es ist ein Geschehen.

Es ist einfach: nur den Blick darauf richten und schauen, was geschieht, mehr nicht. Nicht: erwarten, drängen, wo ist es denn, es müsste doch langsam kommen, ich warte schon eine Weile. Dann sind Sie nämlich sofort wieder im Ich, denken wieder darüber nach. Sie gehen hinaus, schauen hin und warten, bis Sie erkennen. Dann wissen Sie, und damit haben Sie gleich den nächsten Schritt vollzogen, haben das Tor des Himmels geöffnet.

Sie haben sich von der Begrenzung der Materie befreit. Sie sind in der Grenzenlosigkeit des Seins. Sie können Ihre Wahrnehmung trainieren, bis Sie immer unmittelbarer wahrnehmen.

Das führt dahin, dass Sie eine Frage noch nicht zu Ende formuliert haben, und doch haben Sie schon die Antwort. Sie haben die Aufgabe noch nicht zu Ende gedacht und kennen bereits die Lösung. Mit dem, was andere länger beschäftigt, halten Sie sich gar nicht auf. Das ist immer sofort erledigt. Sie können sich dem Leben zuwenden.

Die meisten Menschen sind damit befasst, Ihre Probleme zu lösen bzw. zu hoffen, dass sich irgendwann ein Weg findet, diese Probleme zu lösen. Diese Menschen halten oft jahrelang an einem Problem fest.

Sie können jedes in einer Minute lösen. Dann ist es erledigt, vorbei für immer, und Sie sind frei für das Leben. Denn Leben ist das, was geschieht, während wir anderweitig beschäftigt sind. Also lassen Sie das nicht mehr zu, dass Sie anderweitig beschäftigt sind. Sondern wenden Sie sich dem Leben zu.

Wenn Sie jetzt draußen bleiben, offen sind für Intuition, dann haben wir auch den letzten Schritt vollzogen, die immerwährende Meditation. Sie brauchen nie mehr zu meditieren!

Wenn jemand meditiert, ist es immer nur ein Zeichen, dass er auf dem Weg ist. Es ist immer noch besser, als wäre er nicht auf dem Weg. Wenn einer nicht mehr meditiert, weil er in der immerwährenden Meditation ist, ist es ein Zeichen, dass er angekommen ist.

Sie können jetzt diesen Schritt vollziehen. Können ankommen. Bleiben draußen in der Wahrnehmung, im Sein, in der immerwährenden Meditation. Nachdem wir jetzt geübt sind, Schritte zu tun, können wir uns zügig auf den Weg machen. Aber denken Sie immer daran, jeden Schritt immer sofort zu vollziehen.

Erinnern wir uns noch einmal an uns selbst.

Ich nehme mich noch einmal ganz bewusst wahr. Nehme meinen Körper wahr. Nehme mein Werkzeug Körper einmal ganz bewusst in Besitz. Durchdringe und erfülle meinen Körper bis in die letzte Zelle mit Bewusstsein. Das waren vier Schritte. Schauen Sie noch einmal, ob Sie die alle gegangen sind.

1. Ich nehme mich bewusst wahr als den, der ich wirklich bin!
2. Ich nehme meinen Körper wahr.
3. Ich nehme mein Werkzeug Körper in Besitz, schlüpfe hinein.
4. Ich durchdringe und erfülle meinen Körper bis in die letzte Zelle mit Bewusstsein.

Vier Schritte vollzogen! Noch einmal machen wir die bereits bekannte Übung:

Prüfen Sie, ob Sie Ihren Körper überall gleichzeitig wahrnehmen. Also, hineinschlüpfen von innen und alles gleichzeitig spüren. Wenn Sie das nicht können, sind Sie noch im Verstand. Und umgekehrt, wenn Sie das können, wissen Sie, ich bin draußen. Jetzt haben Sie Ihren Verstand überschritten. Jetzt spüren Sie gleichzeitig. So wie Sie mit einer Hand in einen Handschuh gehen. Sie spüren ja nicht nur erst den Daumen oder den kleinen Finger oder dieses Gelenk. Sie spüren die ganze Hand im Handschuh. So, und nun spüren Sie Ihren ganzen Körper von innen gleichzeitig.
Nun machen Sie sich Ihren Atem bewusst: Ich konzentriere die Vielfalt meiner Gedanken auf einen Punkt. Ich beobachte

meinen Atem. Ich verändere nichts, beobachte nur. Während ich meinen Atem beobachte, lasse ich alles andere ganz bewusst los. Wenn ein Gedanke kommt, sage ich: »Jetzt nicht. Jetzt beobachte ich meinen Atem.« Vielleicht kommt ein anderer Gedanke, und ich sage: »Später! Jetzt beobachte ich meinen Atem.« Das vollziehe ich so lange, bis kein anderer Gedanke mehr kommt. Ich beobachte meinen Atem. Jetzt atme ich mit meinem ganzen Körper gleichzeitig. Atme auch mit meinem Gehirn. Atme über meinen Körper hinaus. Erlebe ganz bewusst, es atmet mich. Nicht »Ich« atme, sondern »Es« atmet mich. Dann lasse ich den Atem los und erlebe Gedankenstille. Jetzt lasse ich auch mich los. Bin reine Wahrnehmung. Da ist kein Körper mehr, kein Atem, kein Ich. Ich erlebe mich als reine Existenz. Mit nichts identifiziert, vollkommenes Dasein. Ich bin weder dies noch das. Ich bin nicht einmal mehr alles. Ich bin reine Existenz, pure Bewusstheit. Diese Bewusstheit ist viel größer und weiter als mein Körper. Ich erkenne, ich bin nicht im Körper, der Körper ist in mir. Und als diese pure Bewusstheit kehre ich nun wieder zurück in diesen Augenblick. In das Hier und Jetzt. Und als diese pure Bewusstheit nehme ich meinen Körper in Besitz, trete ich ein in meine Persönlichkeit. Spüre, wie Körper und Persönlichkeit erfüllt sind von dieser puren Bewusstheit. Spüre, wie diese Bewusstheit Körper und Persönlichkeit ständig verändert.

Wie Körper und Persönlichkeit immer mehr ein vollkommener Ausdruck dessen werden, was ich bin. Jetzt trete ich ein in die immerwährende Meditation als pure Bewusstheit. Ich habe einen Körper. Ich habe eine Persönlichkeit, aber das bin ich nicht. Ich bin und bleibe pure Bewusstheit.

In dieser puren Bewusstheit gehen wir jetzt weiter.

Wahre Freiheit erlangen

Schon als kleiner Junge war mein Drang nach Freiheit sehr ausgeprägt. Ich machte mich auf die Suche nach der wahren Freiheit. Wie die meisten Menschen stellte ich mir zuerst die Frage: »Was muss ich tun, um wirklich frei zu sein?«

Erst als ich erkannte, dass man nichts tun kann, um frei zu sein, war ich wirklich frei. Niemand kann einem anderen die Freiheit nehmen. So verschwand bei mir der Wunsch nach Freiheit. Was blieb, war meine erkannte und gelebte Freiheit.

Jemand hat einmal so schön gesagt: »Ein gefangener Vogel träumt vom Fliegen. Ein freier fliegt einfach.« Machen Sie sich bewusst: Es ist niemand da, der Sie einsperren kann. Sie sind frei. Sie können einfach fliegen. Umgekehrt, wer Freiheit sucht, hat keine Chance, sie zu finden. Aber wer sie nicht sucht, wird sie auch nicht finden.

Frei werden von Karma

Die Wirklichkeit ist paradox. Man muss sich also erst auf die Suche nach etwas machen. Zuerst gilt es zu definieren, wonach man auf der Suche ist. Dann beginnt die Suche, aber wenn man sie nicht irgendwann loslässt, hat man keine Chance zu finden. Man kann die Suche aber nicht loslassen, bevor man gesucht hat.

Wer ein Suchender bleibt, wird nie ein Finder werden. Sucher suchen ewig. Finder finden ständig. Also, zuerst begibt man sich auf die Suche, man ist ein Suchender. Irgendwo auf dem Weg wird man zum Finder. Man wird zum Finder, indem man aufhört zu suchen. Indem man erkennt, dass man die ganze Zeit am Ziel war. Es gibt nichts zu suchen. Dann hat man gefunden und kann die Suche loslassen.

> Um in diese Wirklichkeit zu kommen, braucht man sich nur in die Stille fallen zu lassen.

Das wäre der nächste Schritt auf unserem Weg. Vollziehen Sie dies immer gleich praktisch.

Erleben Sie einmal, was das für Sie bedeutet: Sie lassen sich in Ihre innere Stille fallen. Sie sinken nach innen. Es ist wie in den Schlaf sinken, nur dass Sie dabei in eine hellwache Klarheit sinken, voll bewusst in Gedankenstille, nicht beeinträchtigt von Emotionen und Verhaltensmustern.

Sie sind außerhalb. Sie sind zwei Meter groß, und Sie, das Energiefeld, das Sie sind, sinken in die innere Stille. In dieser Klarheit kann auch Ihr Ego in Erscheinung treten, als Persönlichkeit, aber ohne, dass Sie sich damit identifizieren. Es ist Ihr Werkzeug.

Wenn Sie meditieren, ja selbst, wenn Sie sich in der schönsten Meditation befinden, die Sie je hatten, tiefste oder höchste Meditation, gleich wie Sie es nennen, machen Sie sich bewusst, wer da meditiert. Es ist Ihr Ego, wer sonst? Das Selbst meditiert nicht.

Also auch Ihre schönste Meditation führt Sie nicht über das Ego hinaus, sondern da ist einer, der meditiert. Ihre Persönlichkeit, Ihr Ego. Wenn Sie Ihr Selbst sind, was wollen Sie meditieren, was wollen Sie erreichen, wo wollen Sie hin?

In diese leere Klarheit gehen wir mehrmals täglich unbemerkt. Z. B. jedes Mal zwischen zwei Atemzügen. In einem winzigen Augenblick ist eine Pause, eine Leere. Auch zwischen zwei Gedanken ist eine winzige Pause. Denn zwei Gedanken können nicht gleichzeitig sein. Sie müssen den einen loslassen, um den anderen denken zu können. Dazwischen ist eine Pause. In der ist das Nichts – die Wirklichkeit.

All das spontane Handeln kommt aus diesem Nichts. Das heißt, Sie kennen diese Zeiten schon, nur diese Zeiten sind winzige Augenblicke. Jetzt können Sie ganz bewusst in diese leere Klarheit sinken. Prüfen Sie, ob Sie noch immer drinnen sind.

Aus dieser Klarheit lassen Sie spontanes Handeln entstehen. Dann sind Sie ständig im Einklang mit sich selbst. Sie brauchen nicht mehr zu überlegen, ob etwas richtig ist. Denn wenn Sie überlegen, wird es falsch. Sie bleiben in dieser leeren Klarheit. Cabriolet, grenzenloser Raum – das ist Ihre Bewusstheit. Aus dieser leeren Klarheit heraus handeln Sie. Aus dem Nichts, spontan, echt, ehrlich, authentisch. Das ist reines, folgenloses Tun. Denn es ist kein Handeln mehr da. Kein Ich, das etwas wollte, eine Absicht hat.

Das Ich trägt Verantwortung. Das Selbst, das aus sich heraus handelt, trägt keine Verantwortung, keine Folgen, schafft kein Karma. Denn Karma heißt ja die Tat, das Geschaffene. Geschaffen von wem? Von jemandem. Solange ein Jemand da ist, ein Ich, eine Persönlichkeit, die etwas tut, denkt, handelt, entsteht zwangsläufig Karma.

Wenn dieser Jemand nicht mehr da ist, ist niemand mehr da, der Karma haben könnte. Dann sind Sie im reinen, folgenlosen Tun. Sie bekommen keine Belohnung für Ihre guten Taten. Sie gehen einfach Ihres Weges. Sie tun einfach, was stimmt. Das Stimmige zu tun ist Ihre ganze Belohnung.

Sie haben alles als Schöpfer, was Sie brauchen. Wenn nicht, sprechen Sie das Wort und lassen Sie es in Erscheinung treten. Was wollen Sie für eine Belohnung haben? Was wollen Sie mit gutem Karma? Sie müssten herkommen, um das gute Karma in Empfang zu nehmen.

Von diesem Augenblick an sind Sie wirklich frei. Vollziehen Sie das Ganze noch einmal:

Ich trete also hervor. Wachse über mich hinaus als Energiefeld. Ich bin nicht mehr im Körper. Der Körper ist in mir. Ich schaue aus meinem Cabriolet hinaus und bin in der Grenzenlosigkeit des Seins – in der Stille. Handle spontan – bin im reinen, folgenlosen Tun. Alles stimmt. In jedem Augenblick. Ich bin frei von Karma und frei von Wiedergeburt.

Sie wären nicht hier, wenn Sie nicht die Chance verursacht hätten, dass dies Ihre letzte Inkarnation ist.

Solange Sie aus diesem Nichts heraus handeln, sind Sie frei. Das heißt, wirklich frei sind Sie erst, wenn Sie den Wunsch nach Freiheit loslassen. Denn Freiheit ist ein Konzept. Nur ein Unfreier kann Freiheit denken, kann Freiheit wünschen, Freiheit als Ziel nehmen.

Ein Freier weiß nicht, dass er frei ist. Er kennt das andere nicht, das Gegenteil. Er ist einfach frei. Er nennt das nicht so. Er nennt das überhaupt nicht. Für ihn ist das normal. Er ist.

Solange Sie noch Freiheit im Bewusstsein haben, sind Sie nicht frei. Auch das Nichts ist ein Konzept, eine Vorstellung. Auch Erleuchtung ist eine Vorstellung, ein Konzept.

Erst wenn Sie das alles loslassen, sind Sie frei. Also hören Sie auf, erleuchtet werden zu wollen. Hören Sie auf, ein Meister werden zu wollen. Denn solange Sie noch ein

Meister werden wollen, sind Sie kein Meister. Erst wenn Sie einer sind, sind Sie einer. Und Sie entscheiden, wann das ist.

Die Suche loslassen

Also lassen Sie auch das Konzept los. Und wie schon erwähnt: Lassen Sie auch das Loslassen los und lassen Sie den los, der auch das Loslassen loslässt. Und dann ist Nichts, dann ist Freiheit. Dann ist niemand mehr, der frei sein will. Dann ist pure, reine Freiheit. Das ist wiederum nur jetzt möglich. Sie können nicht vorher frei werden und auch nicht nachher. Es geht immer nur jetzt. Also, Sie können es gerade jetzt tun. – Tun? Es ist niemand da, der es tun könnte. Sie machen sich einfach nur bewusst, dass es ist. Freiheit ist, wenn Sie alle Konzepte losgelassen haben. Freiheit ist nur jetzt möglich. Alles ist nur jetzt möglich.

Deswegen braucht auch alles keine Zeit. Denn wenn etwas Zeit braucht, dann würde es ja bis nachher brauchen. Alles, was Sie tun wollen, was geschehen soll, kann nur jetzt geschehen. In diesem Augenblick, jetzt! Deswegen sind all die Schritte sofort vollziehbar.

Es braucht keine Zeit. Es sei denn, Sie denken, dass dieser oder jener Schritt schon etwas Zeit benötigt. Dann ist das so. Nicht dass der Schritt wirklich Zeit braucht, sondern weil **Sie** denken, dass er Zeit braucht. Sie sind ein Schöpfer. Sie haben gerade verursacht ... – und schon haben Sie recht. Der Schritt braucht etwas Zeit, und Sie machen die Erfahrung, dass er Zeit benötigt.

Also streichen Sie all das, was jemals in Ihrem Leben wieder Zeit brauchen könnte. Gehen Sie in die Zeitlosigkeit. Alles geschieht immer jetzt und ist sofort vollzogen, erledigt. Sie haben **jetzt** dafür gesorgt, dass Sie sich angenommen haben und dadurch angenommen sind. Sie sind **jetzt** aus dem Bewusstsein des Mangels in die Erfüllung herausgetreten. Sie haben **jetzt** die Energie des erwünschten Endzustandes, des erfüllten Wunsches erlebt, und damit ist es jetzt geschehen.

Freiheit beginnt also, sobald Sie alles losgelassen haben. Um in der Freiheit anzukommen, ist keinerlei Anstrengung nötig.

Vielleicht kommen Sie auf dem Weg zur Freiheit in die Glückseligkeit. Aber auch Glückseligkeit ist noch ein Hindernis. Denn wenn Sie Glückseligkeit empfinden, ist jemand da, der die Glückseligkeit genießt. Das ist ein wunderbarer Zustand. Darin kann man es aushalten. Auch ein paar Ewigkeiten notfalls. Aber Sie kommen nicht weiter.

Das ist, als ob Sie auf Ihrer Wanderschaft irgendwo ein Rasthaus finden, da sind andere Gäste, man sitzt bequem. Es wird für einen gesorgt, die Bedienung ist aufmerksam, und man vergisst vielleicht die Fortsetzung der Wanderung und bleibt gleich da und ist in der Glückseligkeit.

Das Gleiche gilt, wenn Sie gläubig sind und bereit, den Willen Gottes zu tun. Das genau trennt Sie vom Willen Gottes! Da ist jemand, der den Willen eines anderen tun will – Trennung. Wenn Sie Gott finden wollen, müssen Sie aufhören ihn zu suchen. Sonst haben Sie keine Chance!

Jesus hat auch nicht gesagt: »Vater, ich werde deinen Willen tun« oder: »ich tue deinen Willen.« Er hat gesagt: »Dein Wille geschehe.« Da war niemand, der ihn tun musste. Wir brauchen nur einmal auf die Weisheit der Sprache zu achten.

Wenn ein Studium beendet ist, mag es noch so interessant gewesen sein, dann gehen Sie wieder nach Hause. Sobald Sie im Warenhaus der Materie genügend eingekauft haben, sich genügend umgeschaut haben und bereit sind, die Dinge loszulassen, sind Sie wieder zu Hause.

Dazu muss man auch den Wunsch nach Einheit loslassen. Denn da ist ein Wunsch, und wo ein Wunsch ist, ist jemand, der sich wünscht, und wenn man wünscht, ist man in der Trennung, und wenn man in der Trennung ist, kann man nicht in der Erfüllung sein. Schon sitzt man wieder in der Affenfalle. So einfach ist das.

Sie brauchen an nichts zu denken und Sie brauchen auch nichts zu tun. Sie brauchen nur stimmen und aus diesem »stimmig sein« heraus geschehen zu lassen. Erleben Sie es einfach. Alles andere ist weniger überzeugend.

Glauben Sie mir kein Wort, aber probieren Sie es aus. Dann wissen Sie, dass es so ist. Von diesem Moment an wird Evolution zu Ihrem ganz persönlichen Prozess. Genauer gesagt zu einem unpersönlichen Prozess. Sie bestimmen, wann welcher Evolutionsschritt passiert. Die Evolution ist bereit. Es geht ganz schnell. Ein Schritt nach dem anderen. Wenn Sie bereit sind, lassen Sie einfach Evolution geschehen. Sie haben die Wahl. Auch wenn Sie nicht wählen, haben Sie gewählt und tragen die Folgen. Mit anderen Worten: Eine Nichtwahl ist nicht möglich, denn das wäre ja auch eine Wahl.

Wir haben jetzt eine ganze Reihe Schritte getan. Vielleicht zögern Sie noch und möchten die Suche fortsetzen.

Es gibt da eine schöne Geschichte von dem Mann, der viele Inkarnationen lang auf der Suche war nach Gott. Eines Tages kam er an ein Haus und wusste, da wohnt Gott. Voller Freude ging er die Stufen hoch und wollte gerade die Tür öffnen, da fiel ihm ein, wenn er jetzt eintreten würde, dann hätte er Gott ja gefunden, und seine wunderschöne Suche nach Gott wäre zu Ende. All die Hoffnungen, die fernen Länder, die Begegnungen, die Möglichkeiten. In jedem Augenblick könnte es geschehen. Er zog seine Schuhe aus und schlich die Treppe hinunter und machte sich wieder auf die Suche. Er wusste, er dürfe überall suchen, nur nicht dort, denn da würde er ihn ja finden.

So sind sehr viele Menschen auf der Suche und passen sehr sorgfältig auf, dass sie ja nicht aus Versehen finden, weil sie lieber ihre interessante Suche fortsetzen wollen. Das ist jetzt wieder Ihre Entscheidung. Wollen Sie suchen oder wollen Sie angekommen sein? Sie haben die Wahl. Wenn Sie angekommen sind, jetzt, dann leben Sie doch angekommen. Probieren Sie es gleich einmal aus.

Geschehen lassen

Machen wir uns Folgendes bewusst: Bei einer Wanderung achtet man vielleicht anfangs noch auf seine Schritte, aber sobald die Schritte aus dem Stimmigsein einfach geschehen, kann man den Blick heben und anfangen, den Weg zu genießen. Wir könnten jetzt langsam versuchen, die Schritte einfach geschehen zu lassen, ohne sie bewusst zu vollziehen, zu integrieren, aufzunehmen, wahrzunehmen, am inneren Maßstab zu messen. Wenn Sie stimmen und das, was gesagt wird, stimmt, fällt es in dieses Stimmigsein, wird eins mit Ihnen. Sie brauchen sich dann um die einzelnen Schritte nicht mehr zu kümmern.

Sind Sie bereit, Schritte aus Ihrem Stimmigsein einfach geschehen zu lassen?

Übrigens, das, was ich Ihnen sagen will, ist nicht das, was ich Ihnen sage. Das, was ich Ihnen sagen will, ist das, was geschehen kann, während ich Ihnen das sage, was ich Ihnen sage. Das, was ich Ihnen sage, ist ganz unwichtig. Lebendiges Wissen geht eine Beziehung zum Wissenden ein.

So wie Sie während des Lehrganges mitgegangen sind, haben Sie sich verändert. Sie sind auch in eine andere Haltung gekommen. Ich habe es umschrieben mit dem Musikhörbewusstsein.

Was ist das Wesentliche?

Sie sind jetzt wieder einen Schritt weiter. Sie sind einfach zu sich gekommen, zu Bewusstsein gekommen. In diesem Bewusstsein wäre es gut, wenn wir einmal auf die Zeit schauen, die vor uns liegt und uns bewusst machen: Was ist eigentlich das Wesentliche im Leben? Worauf kommt es an? Was ist wichtig?

Es kann sein, dass Sie auf Anhieb keine Antwort finden. Spielen Sie einmal mit diesen Gedanken.

Vielleicht ist es Ihre spirituelle Entwicklung? Ich möchte Sie darauf hinweisen, dass ich immer wieder einmal von Ebene zu Ebene springe. Das heißt, alles, was Ihr Intellekt hervorbringt, ist auf einer Ebene richtig. Auf der vorhergegangenen allerdings unerreichbar und auf der folgenden falsch. Meine spirituelle Entwicklung – wäre eine wunderbare Antwort – auf der Ebene der Persönlichkeit. Auf der Ebene des Selbst gibt es keine spirituelle Entwicklung. Das Selbst ist entwickelt. Es ist vollkommen. Es gibt nichts zu entwickeln. Es gibt keine Schritte zu tun. Es ist kein Ziel da, deshalb braucht es keinen Weg. »Ich bin!«

Unterhalb dieser spirituellen Entwicklung ist das ein fernes Ziel. Sie mögen sagen, dass Sie sich erst einmal ums Überleben kümmern müssen, um die Rente, die Familie, Ihre Beziehung, um eine neue Wohnung. Spirituelle Entwicklung hat noch Zeit, ist unerreichbar. Doch: Irgendwann sind Sie in der spirituellen Entwicklung, und irgendwann wird spirituelle Entwicklung zur Affenfalle.

Denn wie kann ich etwas entwickeln, das entwickelt ist? Da finde ich keinen Weg. Es gibt keine Möglichkeit. Dann suche ich. Ich habe es noch nicht erkannt. Ich muss mehr in die Intuition gehen, damit ich erkenne, wie ich mich selbst entwickeln kann. Wie ich mich spirituell entwickeln kann, bis ich erkenne, ich war die ganze Zeit am Ziel. Es gibt nichts zu entwickeln.

Damit Sie es besser einordnen können: Es gibt zehn Stufen der Erleuchtung, zehn Grade der Erleuchtung. Jeder Grad macht das verkehrt, was vorher war. Wenn Sie einen Grad weiterkommen, ist das, was vor dem vorherigen Grad war, wieder richtig. Das ist das Paradox, durch das Sie hindurchgehen. (Wir kommen auf die zehn Stufen der Erleuchtung noch zurück.)

Wenn wir hier mitunter widersprüchliche Aussagen haben, dann ordnen Sie das bitte der jeweiligen Ebene zu. Gehen Sie einfach von Ihrem Standort aus: Da stehe ich, das ist meine Ebene. Das ist meine Ansicht, meine Erkenntnis. Das liegt hinter mir, und das liegt vor mir.

Obwohl Sie natürlich im nächsten Schritt erkennen werden, dass nie etwas hinter Ihnen lag und nie etwas vor Ihnen liegen wird. **Alles ist jetzt!**

Wir müssen aus dieser Ordnung der Materie heraus, des linearen Denkens. Das war gestern, heute bin ich da, morgen werde ich dort sein. Ich habe mich höher entwickelt. Früher war ich noch tiefer. Das sind alles Maßstäbe aus dem Verstand.

Alles das hat mit Wirklichkeit nichts zu tun. Wir müssen dieses lineare Denken, das aufeinander aufbaut, dieses hierarchische Denken loslassen. Wir müssen uns langsam und behutsam dem Paradox anvertrauen.

Noch einmal die Frage: »Was ist Ihnen wichtig?« Vielleicht lautet Ihre Antwort: »Meinen Schöpfungsauftrag zu verwirklichen.« Von wem haben Sie den bekommen? Ihre Antwort könnte lauten: »Von Gott, von mir selber.« Bleiben wir bei der Aussage: »Von mir selber.« – Schon sitzen wir wieder in der Falle! Dann hat das Ich, das Selbst oder die Persönlichkeit oder das Wesen oder ... irgendwer, irgendwas gesprochen ... Das geht natürlich nicht. Das Selbst IST!

Sie sind ein Selbst. Es ist niemand da, der sagen kann: »Mein Selbst. Das Selbst.« Es gehört nicht Ihnen, denn das Selbst, von dem Sie sprechen, ist auch mein Selbst. Es ist natürlich nicht mein Selbst. Es ist das Selbst, zu dem ich sage: »Mein Selbst«, wenn ich mein Selbst sagen würde. Zu dem die anderen sagen: »Das ist mein Selbst.« Es gibt nur das »Selbst«, das Eine. Dieses Eine hat Ihnen einen Auftrag gegeben, eine Aufgabe. Wem hat dieses Selbst jetzt diese Aufgabe gegeben? Sie sich selbst.

Ich möchte es nur relativieren. Da ist niemand, der irgendjemand einen Auftrag erteilt. Es ist niemand da, der Sie jemals dafür verurteilen oder loben wird. Auch nicht, dass Sie es getan haben oder nicht getan haben.

Es geht immer nur um das Selbst. Wenn man gestorben ist und ins Licht geht, dann steht man vor sich selbst als Richter. (Das Licht ist auch eine Illusion. Das Licht heißt ja nur, ich kann nicht erkennen, was ist. Es ist eine so hohe Schwingung, dass es mir als Licht erscheint.)

Ich, der da vor mir selbst als Richter steht, bin dann der, mit dem ich mich identifiziere. Wenn ich mich mit mir selbst identifiziere, sind Richter und Angeklagter identisch. Ich muss vor mir selbst bestehen. Ich kann dann sagen: »Ich habe mir für diese Inkarnation eine Aufgabe gegeben. Ich bin zufrieden, dass ich diese Aufgabe in diesem und jenem Punkt erfüllt habe. Ich habe diese Aufgabe in diesem oder jenem Punkt noch nicht bzw. noch nicht ganz erfüllt. Ich werde das eines Tages tun, oder ich lasse sie fallen.«

Es ist niemand da, der Ihnen etwas sagt. Es ist keiner da, der Sie belohnt, bestraft oder richtet. Es gibt nur Sie. Jemand hat einmal so schön gesagt:

> »Gott verkehrt nur
> mit seinesgleichen.«

Sie erreichen ihn erst, wenn Sie es geworden sind. Deswegen müssen Sie sich von der Illusion frei machen zu glauben: Ich habe einen Schöpfungsauftrag. Deswegen hinterfrage ich dann: »Wer ist ich? Wer ist die Quelle des Schöpfungsauftrags?«

Dann erkenne ich, dass es um mich geht. Es ist meine Entscheidung.

Sie können diese jederzeit widerrufen. Sie können sie jederzeit abändern, auch unterwegs. Dies sollte aber nicht das Ich tun. Das sollten Sie schon selbst machen. Aus der Selbsterkenntnis heraus: Das ist nicht mehr wichtig, das hat sich von selbst erledigt. Sie brauchen nicht einem Auftrag einer Inkarnation zu folgen, sondern Sie können in jedem Augenblick prüfen: Stimmt das jetzt noch für mich? Ich habe mir diesen Auftrag selbst erteilt. Ist er noch im Einklang mit mir und dem Ganzen? Ja – dann gehe ich diesen Weg weiter. Ist dies nicht mehr der Fall, so frage ich mich: »Wie würde es stimmen?« Dann tue ich das so, wie es jetzt stimmt.

Ich habe zwei Ebenen, auf denen ich einsetzen kann:

- Ich erkenne eine Aufgabe und erfülle sie.
- Ich muss mich dann irgendwann fragen (wie wir es gerade tun): Von wem habe ich die Aufgabe? Wer ist der, der diese Aufgabe bekommen hat?

Wenn ich erkannt habe, wer diese Aufgabe gestellt hat und wer diese Aufgabe bekommen hat, dann erkenne ich, dass er identisch ist. Es ist das Selbst, das sich selbst eine Aufgabe gibt. Wenn ich also die Illusion aufgegeben habe, dass da zwei sind, und anerkenne, dass der Suchende der Gesuchte ist und der Auftraggeber auch der Empfänger ist, dann ist die Aufgabe damit gelöst. Ich habe den Irrtum losgelassen, und damit gibt es keine Aufgabe mehr, es ist nichts mehr aufzulösen.

Seit undenklichen Zeiten spielt der Geist das Spiel des Lebens mit sich selbst. Dabei trägt der Geist, der sich als Bewusstsein manifestiert, alle Möglichkeiten in sich. Von animalischer Unbewusstheit bis zu göttlicher Klarheit. Von Krankheit, Angst, Leid bis zu Erleuchtung und Vollkommenheit. Jeder Teil des einen Bewusstseins hat in jedem Augenblick die freie Wahl, für was er sich entscheidet. Das heißt, wann immer Sie leiden, wann immer Sie ein Problem haben, wann immer Sie eine Aufgabe haben: Es war Ihre tiefere Entscheidung. Es war niemand sonst da.

Der Alltag als Lehrmeister

Viele Menschen glauben, dass der Alltag ein Hindernis ist. Sie haben diese Erfahrung gemacht. Sie haben einmal ein Seminar besucht. Sie haben dann eine wunderbare Meditation erlebt. Die hat Sie in die höchsten Höhen des Bewusstseins entführt. Sie haben sich wiedererkannt: So bin ich eigentlich gemeint. In dieser Schwingung, in der ich da war. In dieser Energie, die ich erlebt habe. In dieser Klarheit der Erkenntnis.

Anschließend gehe ich hinaus in den Alltag, zu meinem Partner, an meinen Arbeitsplatz. Da ist allerdings eine ganz veränderte Energie. Andere haben so sonderbare Argumente. Mit denen möchte ich am liebsten gar nicht mehr reden. Irgendwann einmal nehmen sie mir wieder das Schöne weg, das ich da erlebt habe. Es zerrinnt mir zwischen den Fingern. Ich gehe wieder einmal zu einem Lehrgang, um mich aufzutanken, um wieder heimzukehren in diese hehre Schwingung, in der ich mich wohlfühle.

So ist es aber nicht gedacht, sonst bin ich Opfer. Ich bin ein Opfer des Alltags. Ich bin eigentlich gut. Der Alltag ist schlecht. Ich muss irgendwie in den Alltag, ich komme ja nicht daran vorbei. Irgendwann erwischt er mich wieder und zieht mich nach unten. Ich war nie oben, der Alltag war nie unten.

Der Alltag ist eigentlich der liebevollste, beste und zuverlässigste Lehrer, den ich habe. Wenn ich mich erreicht habe, erlebt habe, dann sagt mein Lehrmeister Dr. Alltag: »Jetzt wollen wir mal schauen, ob das nur eine wunderschöne schillernde Seifenblase ist oder ob es sich um eine echte Begegnung mit der Wirklichkeit handelt.«

Jetzt wird z. B. eine Belastung inszeniert. Dann folgt eine Diskussion mit meinem Partner, eine Aufgabe in meinem Beruf. Das ist der Stress des Alltags. Der kommt einfach irgendwie vorbei und bleibt dann bei mir. Dr. Alltag sagt ständig: »Was ist jetzt noch übrig von deinem Bewusstsein, deiner hohen Energie, deiner Erkenntnis?«

Dann erkenne ich, dass ich mich wieder in die Situation habe hineinziehen lassen. Ich bin wieder auf den Schein hereingefallen, statt im Sein zu bleiben.

Wir müssen uns immer wieder bewusst machen: Das Drinnensein, wie es manche nennen, ist die Wirklichkeit. Das bin ich! Das Draußensein ist die Illusion. Stress gibt es nicht. Wen sollte denn da etwas stressen? Ach, wenn da jemand ist, dann kann den natürlich auch Stress erwischen. Dann bin ich wieder im Ich, in der Persönlichkeit, in der Begrenzung, im Mangel, im Problem, in den Schwierigkeiten, in der Illusion.

Ich bin natürlich tatsächlich noch immer in der Wirklichkeit. Ich bilde mir aber wieder ein, dass ich ein Mensch bin, eine Beziehung habe, mich gerade wieder im Stress befinde. Ich habe positive Eigenschaften und Schwächen, bin ungeduldig oder was auch immer. In Wirklichkeit kommt es darauf an, dass ich diese Wirklichkeit mit in den Alltag nehme und dass sie sich dort bewährt.

Üben Sie bitte immer sofort, was Sie gerade jetzt oder während eines Lehrgangs erreicht haben. Sie sollten eine halbe Stunde durchhalten. Wenn Sie nicht einmal das schaffen, wie wollen Sie dann im Alltag zurechtkommen? Dann ist alles irgendwann wieder weg.

Dann ist dieser Lehrgang oder ein besuchtes Seminar nach einer gewissen Zeit nur noch eine schöne Erinnerung: »Da waren wir einmal in einer sehr guten Schwingung. Da haben wir ganz hohe Gedanken gedacht. Wir sind in die Paradoxien der Erleuchtung gegangen. Da konnten wir wunderbare philosophische Gespräche mit anderen führen.« So können Philosophen aufs Glatteis führen. ... Nur Sie sind keinen Schritt weiter! Es hat sich nichts geändert.

Der Alltag ist Ihre Chance, denn der Alltag wartet darauf, dass Sie als Botschafter der Wirklichkeit diese Botschaft in den Alltag bringen. Es geht darum, dass nicht der Alltag Sie ändert, sondern Sie den Alltag ändern. Das ist es, worauf die Welt wartet. Dass Sie hier so stark werden in der Wirklichkeit, dass keine Illusion diese Wirklichkeit mehr erschüttern kann. Dass Sie also in der Wirklichkeit bleiben, während Sie in der Illusion des Alltags, der Persönlichkeit, des Ichs, der Beziehung, des Arbeitsplatzes tätig sind.

Das ist es, worauf es ankommt. Dass Sie unerschütterlich werden, unbeeindruckt durchs Leben gehen. Dass Sie nicht wieder in einiger Zeit den Lehrgang wiederholen müssen.

Jede Rolle loslassen

Wir müssen aufhören, uns mit einer Rolle zu identifizieren. Das ist das Problem, weshalb der Alltag uns wieder einholt. Wir gehen wieder zurück in eine Rolle, in eine Beziehung: Ich bin Kegelbruder, Ehemann, Vater, Schulfreund, Angestellter, Autofahrer. Ich habe unzählige Rollen, die ich spiele. Das allein ist noch nicht schlimm. Schwierig wird es erst, wenn meine Antwort nicht mehr befriedigend auf die Frage ausfällt: Wer spielt diese Rolle? Bin ich das etwa selbst? Wenn ich das weiß, ist alles in Ordnung. Dann spiele ich diese Rolle bewusst.

Der Alltag kann mich dann nicht einholen. Wenn ich mich aber mit der Rolle identifiziere, dann bin ich wieder diese verschiedenen Rollen, werde mich in dem Maße vergessen, der ich wirklich bin. Ich bin dann wieder im Ich.

Das heißt, auf dem Weg zu uns selbst haben wir uns aus den Augen verloren. Wir haben vergessen, dass wir nur uns selbst suchen und haben uns Ersatzziele geschaffen. Ersatzziele wären: ein gesicherter Lebensabend, eine beglückende Beziehung, gute Kinder, eine schöne Wohnung, Gesundheit, Geld, Anerkennung, Glück, Harmonie, Erfolg.

Das alles sind Scheinziele. Wenn ich mich selbst gefunden habe, **wenn ich mich erkannt habe, weiß, dass ich in Wirklichkeit unmanifestierte ewige Existenz bin,** die als reines, eigenschaftsloses Sein in Erscheinung tritt, dann kann ich mir alles andere schaffen. Mit einem Wort, ich bin ein Schöpfer. Dann sind das alles keine Ziele mehr, denn ich brauche ja nur noch danach zu greifen. Ich brauche ja nur etwas zu verwirklichen. Warum soll ich es mir dann wünschen? Ich verwirkliche es, indem ich in dieses Ziel hineingehe. Dann habe ich es.

Solange ich aber noch auf der Ebene der Illusion, des Ichs bin, habe ich zwangsläufig Probleme, Schwierigkeiten, stehe vor Aufgaben. Ich habe dann noch Fragen. Auf dieser Ebene gibt es keine Lösung.

Es ist Ihre Entscheidung, auf welcher Ebene Sie jetzt aufwachen. Es ist Zeit aufzuwachen aus der Illusion und zu erkennen: Ich bin am Ziel. Ich war schon immer am Ziel.

Ich bin am Ziel.
Der Suchende ist
der Gesuchte.

Ich bin seit jeher angekommen. Der, der da Erfolg haben will oder Geld, Gesundheit, ist ein Ich, eine Illusion. Auch dieses Ich könnte Geld, Glück und Gesundheit haben, wenn es nicht einen Mangel im Bewusstsein tragen würde, der die Erfüllung verhindert.

Mangelbewusstsein auflösen

Auch wenn Sie im Ich sind, sollten Sie jetzt endgültig – dies wäre wieder ein wesentlicher Schritt – jeden Mangel in Ihrem Bewusstsein auflösen. **Erkennen Sie, dass jeder Wunsch Ausdruck eines Mangels ist.** Denn wenn da kein Mangel wäre, bräuchten Sie sich ja nichts zu wünschen.

Verteufeln Sie einen Wunsch nicht, indem Sie sagen: »Ich darf keine Wüsche mehr haben.« Es ist niemand da, der Ihnen das verbietet. Sie dürfen so viele Wünsche haben, wie Sie wollen. Nur, Sie sollten sie verwirklichen, wenn sie Ihnen irgendetwas bedeuten.

Sie können sich keinen Wunsch verwirklichen, wenn Sie darauf hinarbeiten. Dadurch trennen Sie sich von der Erfüllung. Sie müssen also, wenn Sie einen Wunsch haben, in die Erfüllung gehen: **in die Energie des erfüllten**

Wunsches und diese Energie aufrechterhalten, bis sich der erwünschte Endzustand manifestiert hat. – Das ist alles. Das macht ein Schöpfer. Das geht jederzeit und ist das Ende aller Wünsche. Wenn Sie für jeden Wunsch sofort Erfüllung haben können, verschwinden die Wünsche sehr schnell. Wenn sie aber nicht verschwunden sind und Sie die Wünsche noch äußern können, weil sie noch existent sind, dann haben Sie versäumt zu schöpfen. Dann haben Sie gehofft, gewünscht, gebangt, erwartet. Sie sind dann in die Rolle des Opfers gegangen. Das hofft, eines Tages Erfüllung zu erleben. Erleuchtung zu erreichen, vorwärtszukommen auf dem spirituellem Weg. So sind wir ein Opfer in der Illusion.

Also ganz konkret gefragt: »Welche Ausrede haben Sie, sich weiter damit zu bestrafen, in der Illusion des Ichs zu leben und damit Mangel und Leid zu verursachen?« Sehen Sie zu, wie Sie das verantworten können. Oder kommen Sie heraus. Lassen Sie es hinter sich. Treten Sie hervor.

Was macht einen Meister aus?

> Treten Sie hervor!
> Das heißt:
> Meister SEIN.

Sie können nicht Meister **werden.** Auch nicht durch diesen Lehrgang. – Natürlich nicht! – Sie können nur SEIN, der Sie bereits sind: ein Meister, eine Meisterin.

Jesus hat gesagt: »Ihr sollt vollkommen sein, wie der Vater im Himmel vollkommen ist.« Er hat nicht gesagt: »Ihr sollt vollkommen werden.«

Das ist kein Weg. Das ist eine Erinnerung an die Wirklichkeit. Das heißt: Tritt hervor und sei, der du bist. Nicht werde ...

Wir sind geschaffen nach dem Ebenbild Gottes. Nicht: Wir sollen zum Ebenbild Gottes werden.

Es ist nicht leicht vom Stein über die Pflanze zum Schwein zu werden und vom Schwein über den Egoisten zum Menschen, aber es gibt keine Abkürzung. Also lassen Sie uns diese Schritte hinter uns bringen, um zu erkennen, dass all das Schritte in der Illusion sind. Die Wirklichkeit ist: Ich bin am Ziel.

Das heißt, auch wenn ein König gärtnert, ist er doch ein König. Er ist nicht zum Gärtner geworden, weil er gegärtnert hat. Er ist noch immer ein König.

Wenn Sie in die Illusion, ins Ich gegangen sind oder als Ich in Erscheinung treten und als Persönlichkeit tätig werden, sind Sie immer noch der Schöpfer. Es hat sich nichts geändert.

Wir können noch einen Schritt weiter gehen. Ich komme aus dem Nichts und trete ins Sein. Ich bin eigentlich ein in Erscheinung getretenes Nichts. Nichts heißt nicht die Abwesenheit von etwas. Nichts heißt nur nicht in Erscheinung getreten. Es ist das Potenzial für alles.

Aber es ist nicht einmal Energie. Es ist nicht einmal Absicht. Es ist nicht einmal Bewusstsein. Es ist noch Nichts. Aber es ist Potenzial für alles. Das ist der Anfang, und dann tritt dieses Nichts, ein Teil dieses Nichts, als Sein in Erscheinung. Sie sind das in Erscheinung getretene Sein. Immer noch in der Vollmacht. Immer noch nach dem Ebenbild Gottes, das Ganze, allmächtig.

Sie entscheiden jetzt: Wie weit gestatte ich mir, mich mit dem Ich der Persönlichkeit zu identifizieren? Die Persönlichkeit, die kann auf Zehenspitzen stehen. Das Sein ist immer ganz oben. Es ist natürlich auch immer ganz unten. Es ist auch überall. Das Sein ist ja vollkommen.

Jetzt versetzen Sie sich doch einmal in diesem Seins-Bewusstsein in den Alltag. In Ihren Alltag, an Ihren Platz. Dort wo Sie leben. Zu Ihrem Mann. Zu Ihrem Partner. In Ihre Wohnung. Ich meine nicht ausdenken, sondern hindenken. Versetzen Sie sich einmal dorthin und seien Sie dort. Nicht mehr im Sein, im Bewusstsein, sondern als Sein, als Bewusstsein. Versetzen Sie sich als Bewusstsein an Ihren Platz.

Am Anfang war das Nichts, Potenzial für alles. Dieses Nichts gestattet einem Teil von sich, als etwas, als jemand in Erscheinung zu treten. Dieses in Erscheinung getretene Sein nennen wir Gott: allmächtig, allwissend, allliebend, allgegenwärtig. Dieser Gott schuf sich einen Spiegel. Ein

Universum. Und gestattete wiederum einem Teil von sich, nach seinem Ebenbild in Erscheinung zu treten, um sich in jedem zu begegnen, zu spiegeln, um sich zu erfahren. So sind wir alle ein Teil des in Erscheinung getretenen Seins, das wir Gott nennen.

Wir sind gleichzeitig das Ganze. Das ist das einzige Selbst. Sie erinnern sich immer wieder an den, der Sie sind: als den Meister.

Sie machen sich auch bewusst: Der Meister, das Leben als Meister ist eine Projektion. Sie sind kein Meister! Sie sind das Nichts, das als Meister in Erscheinung tritt, als Meister lebt – und dann haben Sie bestimmte Meisterqualitäten. Sie sind vielleicht liebevoll, verständnisvoll, gütig, hilfreich, segnend. Das sind Qualitäten, die Sie annehmen und loslassen. So, wie Sie sie brauchen. Das sind geistige Kleider.

Als Meister haben Sie keine Eigenschaften. Sie sind so, wie Sie gerade gebraucht werden. Als Meister können Sie sich natürlich auch hohe Fähigkeiten zulegen wie Levitation (freies Schweben im Raum), Bilokation (gleichzeitige Anwesenheit an zwei verschiedenen Orten), Geistheilen, Unsterblichkeit, Unsichtbarkeit. All das sind Ebenen der Erscheinung.

Wenn Sie deswegen diesen Lehrgang erworben haben, muss ich Sie enttäuschen. Sie sollten an diesen Dingen vorübergehen. Es sind meistens Versuchungen. Denn wenn Sie sich unsichtbar machen können oder über das Wasser laufen können, dann ist da jemand, der über das Wasser geht. Es ist jemand da, der stolz darauf ist, dass er das kann, zumindest sich freut. Oder diese Fähigkeit einsetzt, wo es nötig ist.

Aber es gibt jemanden, der es tut, und das hält Sie auf der Ebene der Erscheinung fest. Lassen Sie sich also von diesen Dingen nicht vom Weg abbringen. Wenn Sie sie als Meister brauchen, werden Ihnen diese Dinge zur Verfügung stehen.

Vor zehn Jahren habe ich mir immer gewünscht: »Ich möchte schweben können.« Nicht dass ich stolz darauf wäre, das zu sagen. Ich möchte den Teilnehmern damit nur zeigen, dass man glaubt, als Meister diese Fähigkeit besitzen zu müssen. Ich kann es übrigens immer noch nicht. Ich habe mich lange gefragt, warum ich das nicht kann. Das wäre doch hilfreich.

Wäre es wirklich hilfreich? Da würden Leute kommen, nur um mich schweben zu sehen. Es würden kritische Wissenschaftler auftauchen, die mit Infrarotstrahlen alles abtasteten. Sie würden diese Erscheinung wissenschaftlich überprüfen. Sie würden das Gravitationsfeld in meiner Umgebung überprüfen. Sie würden mir Elektroden ankleben, um zu sehen, woher diese Fähigkeit kommt. Sie würden Hypothesen aufstellen, Theorien. Sie würden sich bekämpfen, weil jeder eine andere Theorie hätte.

Ich würde immer schweben, bräuchte keinen Stuhl. Es würden immer mehr Leute kommen. Glauben Sie wirklich, dass Sie im gleichen Bewusstseinszustand wären wie bisher? Sie würden Stellung beziehen. Sie würden als Ich, als jemand hier sitzen und sich erstaunt fragen: Wie macht er das?

Sie würden dann sagen: »Entschuldigen Sie bitte, ich hätte eine Frage. Was muss ich tun, um auch so zu schweben?« Dann müsste ich Ihnen sagen, wie man das macht. Und Sie würden daraufhin in den Energiekörper gehen, die Gravitation unter sich nehmen und versuchen sich draufzusetzen. Wir würden um Illusionen diskutieren, anstatt uns um die Wirklichkeit zu kümmern.

Vor einigen Jahren habe ich erkannt, wie dankbar ich bin, dass ich das noch immer nicht kann. Wenn ich es heute könnte oder eines Tages, würde ich es nicht tun, zumindest nicht in einem Seminar. Weil es nicht hilfreich wäre.

Lassen Sie sich daher von solchen Dingen nicht ablenken. Sie bringen Sie auf einen falschen Weg, auf einen scheinbar hohen Weg, denn es können ja nur wenige. Aber Sie blieben in der Sackgasse der Erscheinungen, Sie wären nicht in der Wirklichkeit. Vergessen Sie das Ganze!

Der wahre Meister ist eigenschaftslos, formlos, nicht in Erscheinung getreten, nicht so oder so. Er ist reines Sein. Die Leere, das Nichts. Er nimmt die Dinge an, die er jetzt in diesem Augenblick braucht. Das ist alles. Schauen Sie noch einmal auf Ihr Bewusstsein. Sind Sie mit sich zufrieden? Irgendwie passiert ein Wunder.

In meinen Seminaren stelle ich immer wieder fest, dass am Anfang erst einmal alle offen, beweglich und bereit sind. Man macht miteinander einen Sprung. Es geht wunderbar. Man nimmt bewusst wahr. Wenn ich dann weitermachen will, sind die Teilnehmer zurückgelehnt und nach unten gesunken, im Verstand, in der Persönlichkeit.

Wenn ich mir z. B. in den Pausen so anhörte, worüber die Teilnehmer sprachen, was hat sich bei jedem Einzelnen persönlich geändert? Was ist jetzt anders als vorher? Ohne zu urteilen, sage ich aus meiner Sicht, dass die Teilnehmer über die gleichen belanglosen Dinge redeten wie vorher.

»Ich habe den gesehen, und der hat zu mir gesagt, du hättest gesagt, du hättest ihn nicht gesehen ...« So oder so ähnlich hörten sich die Gespräche für mich an.

Ist es bei Ihnen auch so? Wieso glauben Sie, dass es den anderen interessiert? Warum machen wir weiter in der Persönlichkeit, als wäre nichts geschehen? Wozu machen wir überhaupt ein Seminar bzw. einen Lehrgang, wenn wir nicht bereit sind, wirklich etwas zu tun?

Warum tun Sie sich das an, sich wieder in dieses seichte Geplätscher zu begeben? Warum tun wir uns das an? Warum bleiben wir nicht bei uns selbst und schauen, was für uns selbst wirklich wichtig ist? Prüfen Sie noch einmal nach, ob das in Ordnung ist, und dann sollten Sie es ändern.

Erinnerung an sich selbst

Erinnerung heißt, noch einmal jeden einzelnen Schritt zu wiederholen bzw. nachzuvollziehen. Es sind etwa 30: Diese 30 Schritte jetzt zügig gehen, so wie man wandert. Einen

Satz nach dem anderen hören – vollziehen. Hören – vollziehen. Wie zuvor vollziehen wir diese Schritte ohne Anstrengung, ohne Eile – einfach tun.

Ich richte einmal meine Aufmerksamkeit auf mich und nehme mich selbst ganz bewusst wahr. Mache mir bewusst, wer ich wirklich bin. Spüre meine Wirklichkeit. Ich richte meine Aufmerksamkeit auf meinen Körper und nehme meinen Körper wahr. Aus dieser Wahrnehmung heraus nehme ich mein Werkzeug Körper ganz bewusst in Besitz. Durchdringe und erfülle meinen Körper bis in die letzte Zelle mit Bewusstsein. Ich nehme meinen Körper überall gleichzeitig wahr. Mache mir bewusst, dass ich das kann. Das kann ich nur, wenn ich meinen Verstand überschritten habe.

Im nächsten Schritt richte ich meine Aufmerksamkeit auf meinen Atem. Atme ganz ruhig, gleichmäßig, und dann konzentriere ich die Vielfalt meiner Gedanken auf einen Punkt. Ich beobachte meinen Atem. Verändere nichts, beobachte nur. Ich schaue mir beim Atmen zu. Lasse alles andere bewusst los. Kommt trotzdem ein Gedanke, sage ich: »Jetzt nicht! Jetzt beobachte ich meinen Atem!« Vielleicht kommt noch ein anderer Gedanke, und wieder sage ich: »Später! Jetzt beobachte ich meinen Atem.« Im nächsten Schritt atme ich mit meinem ganzen Körper. Auch mit meinem Gehirn. Atme über meinen Körper hinaus. Nach den Seiten, aber auch nach oben und unten. Ich atme einmal als dieser zwei Meter große Energiekörper, der meinen physischen Körper weit überragt. Atme einmal bewusst als ich Selbst.

Ich erlebe dabei, dass ich gar nicht zu atmen brauche. Es atmet mich. Nicht »Ich« atme, sondern »Es« atmet mich. Der Atem geschieht in mir. Jetzt lasse ich auch mich los. Ich bin reine Wahrnehmung. Da ist kein Körper mehr, kein Atem, kein Ich. Atem geschieht, aber ich habe nichts damit zu tun. Ich erlebe mich als reine Existenz. Als vollkommenes Dasein. Ich bin weder dies noch das. Ich bin nicht einmal mehr alles. Ich bin mit nichts mehr identifiziert. Ich erlebe mich als reine, vollkommene Existenz. Ich bin pure Bewusstheit. Als diese pure Bewusstheit kehre ich nun wieder zurück ins Hier und Jetzt. Zurück in diesen Augenblick, und als pure Bewusstheit nehme ich mein Werkzeug Körper ganz bewusst in Besitz. Trete bewusst als Persönlichkeit in Erscheinung, bin aber pure Bewusstheit. Ich spüre, wie Körper und Persönlichkeit erfüllt sind von dieser puren Bewusstheit. Ich fühle, wie diese Bewusstheit Körper und Persönlichkeit ständig verändert. Wie Körper und Persönlichkeit immer mehr ein vollkommener Ausdruck dessen werden, der ich wirklich bin.

So könnten Sie sich mehrmals am Tag erinnern. Hören Sie währenddessen absichtlich keine Musik. Obwohl das sicher sehr hilfreich und angenehm wäre, aber unbewusst entsteht dann die Assoziation: »Immer wenn ich mich erinnere, brauche ich ›Tatü Tata‹. Ich muss also irgendetwas dazu hören, sonst geht es nicht. Da ich das nicht immer zur Hand habe, kann ich mich im Moment nicht richtig an mich erinnern. Mir fehlt dann die Musik.«

Deswegen lassen Sie die Musik weg, damit Sie einfach

jederzeit, wann immer es Ihnen in den Sinn kommt, sich an sich erinnern. Sie sollten sich diese Anleitung auf einen Zettel schreiben. So, dass diese Anleitung für Sie stimmt. Sie wissen nachher die Schritte auswendig, die Sie machen werden. Es müssen ja nicht immer alle sein. Sehen Sie bitte jede Zeile als Schritt und das Ganze wie einen Spaziergang. Jetzt mache in diesen Schritt – erledigt. Mache diesen Schritt – vollzogen. Gehe in diesen Schritt – geschehen. Diesen Schritt – vollbracht. Nichts braucht Zeit. Nichts ist zu tun. Vollziehen geht immer in Nullzeit, in Punktzeit, in Zeitlosigkeit.

Was ist Meisterschaft?

Unser Thema lautet: Leben als Meister. Aber was meinen wir damit?

Wir verwenden hier den Begriff Meisterschaft in einem sehr begrenzten Sinn. Im Sport kennen wir zum Beispiel Landesmeister, Regionalmeister, Europa- oder gar Weltmeister. Als Ausdruck eines sehr begrenzten Zeitraums. Denn in kurzer Zeit gibt es einen neuen Meister. Der bisherige gerät in Vergessenheit, obwohl er vielleicht ein besserer Meister inzwischen ist, als er war, als er Meister war. Er ist kein Meister mehr, obwohl er besser ist als vorher.

Dann kennen wir Bäckermeister, Schreinermeister, Bademeister. Wir glauben wohl kaum, dass er nur sein Fachgebiet vollkommen beherrscht. **Unbewusst glauben**

wir, dass Meisterschaft die Vollkommenheit einer Tätigkeit sei.

Gleichzeitig kennen wir vollkommene Entspannung, vollkommene Ruhe. Wir wissen, dass **Vollkommenheit eine Qualität des Bewusstseins ist,** nicht Ausdruck einer Tätigkeit. Wir beneiden vielleicht jemand um seine Ruhe, um seine Sicherheit – was auch immer. Weil wir uns selbst für unfähig halten, diesen Aspekt in uns zu verwirklichen.

> Alle Meisterschaft liegt im Jetzt.
> Je mehr es mir gelingt, im Jetzt zu sein, ein umso vollkommenerer Meister bin ich.

Vielleicht probieren wir das mit einer Kleinigkeit. Nur um Ihnen zu zeigen, dass die Schwierigkeit oft im Detail liegt:

Gestatten Sie doch jetzt einmal Ihrer Zunge sich vollkommen zu entspannen. Legen Sie sie einfach in den Unterkiefer. Parken Sie sie dort und lassen Sie sie los. Gar nicht darum kümmern. Einfach hinlegen und loslassen. Tun Sie das jetzt einmal. Seien Sie ganz streng mit sich. Sorgen Sie dafür, dass Ihre Zunge vollkommen entspannt ist. Lassen Sie sie einfach hineinfließen in Ihren Unterkiefer und dort liegen. Ganz gleich, wie gut es Ihnen gelingt, es bringt Sie auf jeden Fall ins Jetzt.

Deswegen sollten Sie das häufiger machen. Entspannen Sie öfter einmal Ihre Zunge. In der Zeit reden Sie dann auch nicht. So wie Sie gerade jetzt Ihre Zunge entspannt haben, so könnten Sie auch jetzt Meisterschaft erfahren oder Erleuchtung, wenn Sie wollen. Sie brauchen es nur für möglich zu halten und zu erinnern. Es gibt ja nichts zu tun. Sie müssen ja nicht erleuchtet werden. Sie waren es. Sie werden es immer sein. Ob Sie es leugnen oder vergessen, spielt keine Rolle.

Das ist die Wirklichkeit. Sie bräuchten sich also nur zu erinnern, jetzt! Seien Sie doch wenigstens mal für 3 Sekunden erleuchtet. Gleich jetzt! Erinnern Sie sich einfach daran, dass Sie es sind.

Bei Ihren nächsten Gesprächen sollten Sie sich selbst einmal zuhören und kritisch prüfen: Ist das ein Gespräch eines Meisters? Spreche ich jetzt als Meister? Sie können sich dann sofort korrigieren und nur als Meister sprechen. Eine halbe Stunde, das müsste doch zu schaffen sein.

Das heißt nicht, dass Sie Hosianna lispeln oder irgendetwas Ähnliches. Sie sagen das, was Ihnen wichtig ist. Sie sagen es meisterlich, wenn es denn nun wirklich zu sagen ist. Prüfen Sie einmal ganz kritisch, bevor Sie etwas sagen.

Warum will ich das jetzt sagen? Und wem sage ich das? Interessiert das den anderen eigentlich? Warum sollte das jemand interessieren?

Sie werden feststellen, dass wir die meisten Dinge nicht sagen, weil wir glauben, der andere sollte sie wissen, sondern, weil wir sie gerne mitgeteilt hätten. Wir möchten wieder mal darüber reden, wen wir gesehen haben. Wer was zu wem gesagt hat. Was passiert sein soll ... Und der andere hat gesagt, er kenne jemand, der wieder jemand kennt, der gesagt hätte, er hätte es gelesen ...

Versuchen Sie einmal diese Dinge nicht mehr zu sagen. Übungshalber eine halbe Stunde. Sofort bei Ihrem nächsten Gespräch. Es macht sich sehr gut. Es wirkt sehr philosophisch, wenn Sie vor sich hinblicken und langsam den Kopf wiegen, aber nichts sagen. Das ist nie verkehrt. Das sieht sogar sehr dekorativ aus.

Meisterschaft beginnt mit ganz einfachen Dingen, z. B. mit der **Beobachtung unseres Redens.** Denn es ist die Äußerung unseres Denkens. Das ist wiederum die Äußerung unseres Bewusstseins. Und das ist die Äußerung unseres Seins.

Zur Meisterschaft gehört auch die Erkenntnis: **Sie können erst Meister werden, wenn Sie Meister sind.** Gehen wir jetzt einmal in die Energie des erfüllten Wunsches. Versetzen Sie sich in die Situation: Sie sind Meister, jetzt. Als Meister erarbeiten Sie sich diesen Lehrgang. Der Lehrgang wurde nicht von Ihnen gebucht, um etwas zu lernen, vielleicht nicht einmal, um sich zu erinnern. Sie erinnern sich an die Wirklichkeit, daran, dass Sie Meister sind. Erfüllen sich mit Ihrem Meister-Sein. Sagen dem Körper Bescheid, dass das jetzt der Körper des Meisters ist. Dass auch der Körper das widerspiegelt. Sie versuchen nicht, das mit irgendwelchen Gesten zum Ausdruck zu bringen. Sie sind einfach Meister.

Es wird Zeit, dass wir aufhören alle möglichen Schritte zu tun, anstatt den einen wesentlichen Schritt zu uns selbst. Dies beginnt mit ganz einfachen Dingen.

Schauen Sie sich z. B. einmal Ihr Selbstbild an. Einerseits sind Sie jetzt Meister, andererseits haben Sie noch immer ein Selbstbild aus der Vergangenheit. Es ist wie ein altes Passbild. Nicht umsonst heißt es: Wenn man so aussieht wie auf seinem Passbild, braucht man dringend Urlaub.

Vielleicht sehen Sie auf Ihrem Selbstbild noch so aus, wie Sie in der Vergangenheit waren. Sie haben noch kein neues Bild von sich, wie Sie jetzt sind. Machen Sie sich doch einmal bewusst ein Selbstbild als Meister.

Also: Wie sehe ich mich als Meister? Was macht der Meister in dieser Situation? Er hört hin. Nimmt wahr. Notfalls greift er ein, – er schöpft –, damit das Richtige geschieht. Er ist ja kein Opfer. Er ist ein Meister. Er klärt das Bewusstsein der anderen, ohne Vorträge zu halten, ohne Worte zu machen. Er geht einfach in die Energie des erfüllten Wunsches, dass alle miteinander das Stimmige tun, und hält dieses Bild fest, bis es getan ist. Er ist vollkommen gelassen dabei. Es gibt keinen Grund sich aufzuregen. Denn wenn er sich aufregt, tun die anderen ja immer noch nicht, was er will. Also, das hilft schon einmal nicht. Das gehört nicht zu einem Meister.

Wir müssen jetzt einen Weg finden, dass Sie nicht nur wissen, dass Sie Meister sind. Das nützt überhaupt nichts. Sondern dass Sie anfangen, Meister zu sein.

Lassen Sie uns eine einfache Übung machen: Sie setzen

jetzt den Meister auf Ihren Stuhl. Das Ich tritt zur Seite, und der Meister nimmt in Ihrem Körper Platz. Mit Ihrem Körper sitzt er auf dem Stuhl. Bitte gleich ausführen.

Meisterhafter Umgang mit dem Tod

Irgendwann müssen wir als Meister auch einen meisterlichen Umgang mit der Erfahrung, die wir **Tod** nennen, pflegen.

Noch nie ist jemand gestorben. Es geht nicht. Wir alle sind unsterblich. Das heißt nicht, dass ein Meister emotionslos, unbewegt, freundlich lächelnd durch das Leben geht. Ein Meister kann sich durchaus einmal ärgern. Erinnern wir uns an Jesus, der in den Tempel ging und dort alle Bänke umschmiss.

Worauf es ankommt, ist, angemessen mit den Dingen umzugehen. Wir sind ja in dieses Leben gegangen, um uns von diesem Leben bewegen zu lassen, und nicht, um unbewegt zu bleiben. Wir sollten durchaus eintauchen in Persönlichkeit, in Beziehungen, in Emotionen. Wir sollten dabei aber unsere Identifikation nicht vergessen. Ich bleibe der, der ich bin, und dann tauche ich ganz ein, in das, was Leben heißt – mit allen Vor- und Nachteilen.

Es ist Ihre Entscheidung zu erkennen, wann Sie sich erfüllt haben. Dann machen Sie es wie die Hunzas. Sie schauen auf Ihr Leben zurück. Und auf das, was vor Ihnen liegen könnte, und stellen fest: Brauche ich nicht. Sie bedanken sich beim Ganzen, beim Nichts, für den Weg, den es nie gab. Für die Schritte, die Sie nie getan haben. Für die Illusion der Schritte, die Sie erlebt haben, und Sie verlassen Ihren Körper, so wie Sie Ihr Auto verlassen. Schließen ordentlich ab. Parken an der richtigen Stelle.

Sie machen es wie im Märchen der kleine König. Der kleine König ging in sein kleines Königreich. Schlug die Tür hinter sich zu und ward nie wieder gesehen.

Genauso machen Sie es auch eines Tages. So geht ein Meister. Sie brauchen dazu keinen Krebs. Keinen Unfall. Keine Pflegeversicherung. Keine Intensivstation. Kein Altenheim. Sie müssen nicht Ihren Kindern oder Enkeln auf die Nerven gehen. Wenn Sie merken, es reicht, dann gehen Sie. Es ist niemand da, der Ihnen einen Vorwurf macht. Du bist zu früh oder zu spät oder auf die falsche Weise gegangen. Sie müssen nur vor sich selbst bestehen, und das klären Sie ja vorher. Das ist alles.

Meisterhafter Umgang mit der Gesundheit

Beginnen wir mit etwas ganz Einfachem, mit Gesundheit. So »unbeherrschbare Katastrophen« wie Schnupfen ausgenommen. Ich meine jetzt eine Krankheit.

Gibt es in Ihrem Körper irgendeinen Vorgang, den Sie als Meister lieber anders lenken möchten? Ich würde gerne das Beispiel von gesunden, neuen Zähnen dafür nehmen.

Mit 17 hatte ich ein Erlebnis, es war nach dem Krieg. Wir waren nicht sonderlich gut ernährt. Da musste ich mal zum Zahnarzt, und der hat dann gebohrt, und plötzlich fiel der Bohrer in den Mund und krachte durch die Zähne. Der Zahnarzt fragte mich daraufhin: »Was haben Sie für Zähne? Da ist ja jetzt schon nichts mehr zu machen.« Mit fünfunddreißig bin ich dann zu dem gleichen Zahnarzt gegangen. Nicht provokativ, ich habe mich gar nicht mehr an die Sache erinnert. Der gleiche Zahnarzt sagte dann: »Was haben Sie für tolle Zähne. Ich wollte, so gute Zähne hätte ich auch.« Da fiel mir ein, was er mir mit siebzehn gesagt hatte. Von daher weiß ich, dass die Vision von gesunden Zähnen möglich ist. Sie ist machbar.

Wenn ich im Meisterbewusstsein bin und alles ändern kann, was wäre dann noch eine konkrete Situation? Vielleicht ein starker körperlicher Schmerz? Dann hören Sie auf, Meister zu sein. Dann brüllt der Meister. Da der Meister ja auch lebt, bleibt er im Körper und geht nicht heraus und spürt diesen Schmerz als Teil des Lebens. Brüllt genauso wie jeder andere Nicht-Meister. Das würde Sie vermutlich noch aus dem Meisterbewusstsein schubsen. Warum haben Sie Angst vor Schmerz?

Hier sind wir an den Grenzen der Meisterschaft. Das ist auch etwas, was mich beschäftigt. Wenn ich mir vorstelle, wie ich mich in einer Situation verhalte, gehe ich in eine Projektion. Dann bin ich im Ich. Da ich dort (im Schmerz) dann nicht in der Lage bin, meinen Zustand als Projektion zu erkennen. Vielleicht habe ich mir vorgenommen zu sagen: »Jetzt tut mir das fürchterlich weh. Ich nehme diesen Schmerz ganz an, denn ich weiß, es ist recht, ich habe es selbst verursacht.« Aber das tut dann so weh, dass ich zu solchen Gedanken gar nicht mehr komme.

Es kann sein, dass der Schmerz über mir zusammenschlägt und ich in diesem Zustand meinen Meister vergesse. Dann gehe ich in die Illusion – und wann tauche ich dann wieder auf?

Ich möchte Sie gerne zu Spruch 2 im Thomas-Evangelium hinführen. Da heißt es:

> »Wer sucht, höre nicht auf zu suchen,
> bis er findet, und wenn er findet,
> wird er erschüttert werden.
> Ist er erschüttert, wird er staunen,
> und er wird über das All gebieten.«

Machen Sie sich einmal bewusst, was das heißt. Das ist genau das Erwachen zu dem Meister, der Sie sind. Auf einmal seine Grenzenlosigkeit zu erkennen – ich muss sagen: »Ich bin noch immer nicht aus dem Staunen herausgekommen.« Aus dem Staunen, welches Vertrauen die eine Schöpfung, die Kraft, das Nichts, Gott – egal, wie wir es nennen – uns in den Schoß legt. Wo wir gerade erst anfangen aufzuwachen.

Wir können das ganze Universum verändern. Wir haben die Macht dazu in den Händen. Wenn man einem kleinen Kind den Auslöser einer Atombombe in die Hand gäbe, dann ist das eigentlich ein Spielzeug gegen das, was wir da haben. Wir können die ganze Evolution verändern. Wir können alles tun. Wir brauchen die Dinge nur in Besitz zu nehmen.

Lassen Sie uns deshalb immer wieder einmal Schritt für Schritt einzelne Aspekte unseres Lebens ins Bewusstsein nehmen und prüfen, ob wir meisterlichen Umgang damit haben.

Wir müssen erkennen, welche Ursachen Krankheiten haben. Um die Wirkung brauche ich mich nicht zu kümmern. Ich muss sie nicht abstellen. Ich muss nicht dagegen sein oder etwas dafür tun. **Ich muss nur die Ursache abstellen, und den Rest macht der Körper schon selbst.**

Schauen Sie einmal als Meister Ihr Nervensystem an. Sie werden feststellen, dass aus der Zeit, als Sie noch kein Meister waren, Belastungen und Empfindlichkeiten vorhanden sind.

Innerhalb von drei Minuten bringen wir das als Meister in Ordnung. Wir sprechen die ganze Zeit von Vollmacht, nichts ist unmöglich. Die meisten Lehrgangsteilnehmer sagen dann auch: »Ja, ist klar. Der Meister kann alles, logisch. Ja, aber ich habe hier etwas, das ist die Ausnahme.« Es tut unserem Nervensystem gut, Sie sind im Meisterbewusstsein. Wenn nicht, gerade noch einmal erneuern. Rausgehen, Energiekörper laden.

Dieses Meisterbewusstsein lassen Sie jetzt ganz bewusst in Ihre Nerven einfließen. Jede Nervenzelle Ihres Körpers füllt sich nun mit Meisterbewusstsein. Im ganzen Körper. Sie spüren, wie Ihre Nerven gesunden, stabil und belastbar werden. Sie gehen noch einen Schritt weiter, Sie schaffen eine Überkapazität. Sie stellen extra dicke Meisternerven her. Mit doppelter Isolation gegen unmeisterliche Einflüsse. Spaß beiseite!

Sie lassen jetzt einmal wirklich Ihre Nerven so regenerieren, dass sie unglaublich belastbar werden. Bringen Sie Ihr ganzes Nervensystem in Hochform. Auf der einen Seite sind Ihre Nerven hochsensibel. Sie können feinste Nuancen wahrnehmen und über Nervenimpulse weiterleiten, und gleichzeitig sind sie überhaupt nicht empfindlich, sondern voll belastbar. Machen Sie gleich wieder eine praktische Übung:

Stellen Sie sich jetzt eine Situation vor, die früher Ihr Nervensystem überlastet hätte. Gehen Sie jetzt als Meister durch eine solche Situation. Spüren Sie gleichzeitig alle Nerven. Gehen Sie in diese Situation und erleben Sie, dass das den Nerven überhaupt nichts ausmacht.

Nehmen Sie vorsichtshalber noch eine andere Situation dazu. Eine ganz andere, die Sie aber auch nervlich belastet. Erleben Sie die Situation als Meister und halten Sie gleichzeitig Ihre Nerven gesund, stark, gelassen. Heilen Sie ganz gezielt Ihr Nervensystem. Speziell das vegetative Nervensystem. Spüren Sie von innen, wie sich das vollzieht, und setzen Sie die Heilung fort, bis es geschehen ist. Während

Sie diese Heilung fortführen, stellen Sie sich verschiedene Situationen, die Sie durchstehen könnten, möglichst lebendig vor und spüren Sie von innen, in Ihrem vegetativen Nervensystem, wie das überhaupt nichts ausmacht. Wie Sie unbeeindruckt hindurchgehen. Völlig sensibel und trotzdem unbeeindruckt. Lassen Sie einfach die Heilung geschehen. Das müsste jetzt reichen. Wenn nicht, machen Sie so lange weiter, bis Sie spüren, dass es vollbracht ist.

Meisterhafter Umgang mit Geld

Wie sieht es mit Geld oder Besitz aus? Stellen Sie sich vor, Sie sind in einer Metzgerei, und das Leben sagt: »Darf es ein bisschen mehr sein?« Wovon hätten Sie im Leben gerne ein bisschen mehr? Das Leben hat keine Schwierigkeiten, zehn Millionen, hundert Millionen, eine Milliarde zu geben. Die Grenze liegt in Ihnen.

Ihre innere Dimension verhindert, dass es geschieht, verhindert es zuverlässig, und diese innere Dimension bestimmen Sie. Sie haben sie bisher durch Erfahrung kennengelernt. Kinder haben noch keine Einstellung dazu, ob sie Gummibärchen haben wollen oder eine Million. Das ist für sie identisch. Dann machen sie die Erfahrung, dass man Gummibärchen schneller bekommt – und schon haben sie wieder etwas gelernt. Dann sehen Kinder, dass Vater oder Mutter oder beide arbeiten müssen, um Geld zu verdienen. Das Kind hätte seine Eltern aber lieber immer bei sich, und doch gehen sie weg, des Geldes wegen.

Irgendwann interessiert sich das Kind für die Summen. Was verdienen die Eltern denn? Dafür muss man so lange arbeiten? Schon hat es wieder neue Erfahrungen gemacht.

Jetzt könnten Sie einmal für sich prüfen, wo Ihre persönliche Geldgrenze liegt. In welcher Fülle leben Sie, was Geld betrifft? Wo setzen Sie – im Meisterbewusstsein oder nicht – Ihre Grenze? Wo werden Sie nächstes Jahr stehen? Über welche Summe werden Sie im Laufe des kommenden Jahres verfügen?

Machen Sie sich doch das Geschenk zu glauben, dass Sie in diesem Leben immer genug Geld haben werden. Fangen Sie gleich damit an. Jetzt! Nun haben Sie Ihr vegetatives Nervenkostüm in Ordnung gebracht und können sofort Ihre Finanzen heilen.

Machen Sie sich einmal Ihre derzeitige Grenze bewusst. Dabei könnten Sie Hunderte von Millionen haben. Das ist für die Schöpfung ohne jede Bedeutung. Sie teilen sich Ihr Vermögen selbst zu. Die einzige Bedingung ist, Sie müssen daran glauben.

Hier nenne ich noch einmal einen unsozialen Auszug aus der Bibel:

> »Wer da hat, dem wird gegeben werden, auf dass er die Fülle habe.
> Wer da aber nicht hat, dem wird
> das wenige noch genommen.«

Es geht mir hier darum, dass Sie erkennen, ob es für Sie ungerecht ist, dass der andere so wenig hat. Trennen wir das voneinander. Wie viel der eine hat, hat mit dem anderen nichts zu tun. Jeder bekommt den Haufen, den er sich zuteilt. Indem er sich dafür wert fühlt.

Wenn Sie bescheiden sind und sagen: »Das reicht mir,« dann ist das in Ordnung. Die Begründung »das reicht mir, weil andere wenig haben« zählt nicht.

Wir haben das 1948 zur Zeit der Währungsreform erlebt. Da wurden alle Menschen für ein paar Tage finanziell gleichgestellt. Nicht lange, und sie waren schon wieder ungleich. Die einen hatten aus ihren 40 DM, die sie bekommen hatten, 200 DM gemacht, und die anderen hatten das Geld ausgegeben.

Wir können Menschen wirtschaftlich nicht gleich machen, weil sie nicht gleich sind. Wir können Menschen karmisch nicht gleichsetzen, weil sie nicht gleich sind. Diesen Unterschied schafft jeder selbst. Wenn wir das künstlich versuchen auszugleichen, wie wir das jetzt im Sozialstaat machen, der sich bald nicht mehr finanzieren kann, dann ist das Unsinn.

Irgendwann einmal müssen wir es begreifen, und dann hört dieses Teilen auf. Jeder hat dieselben Möglichkeiten, und jeder, der in einer Situation lebt, hat gewählt. Jeder kann alles in jedem Augenblick ändern. Also, wenn Sie jemandem helfen wollen, dann nicht, indem Sie ihm etwas abgeben, sondern indem Sie ihm zeigen, wie er etwas ändern kann. Ein Krimineller, ein Täter, ein Drogendealer, wer auch immer, er muss einen anderen finden, für den er Schicksal sein kann.

Es trifft immer den Richtigen. Nach dem Gesetz der Resonanz kann nie ein Unschuldiger irgendein hartes Schicksal erleben. Das funktioniert nicht. Ganz konkret gesagt: Wenn jemand Angst hat, vergewaltigt zu werden, dann sendet er das aus. Früher oder später findet sich einer, der sagt: »Ja, das ist die Idee.« Der vollzieht es dann. Jetzt müssen wir uns fragen: »Wer ist das Opfer? Wer ist der Täter?« Der, dem es widerfährt, hat es verursacht.

Jetzt kommt die Frage auf: »Kann man denn jetzt überhaupt noch sozial tätig sein?«

Doch, ja. Man müsste sozial tätig sein, aber nicht, indem ich jetzt hier, wenn ich zaubern könnte, eine große Kiste herhole und sage: »Ich zaubere für Sie fünfhundert Millionen. Sie können sich nehmen, was Sie brauchen.« Ich weiß, dass damit niemandem geholfen wäre. Sie werden es wieder verlieren, wenn es nicht zu Ihnen gehört. Es geht so nicht. **Wir müssen also die innere Dimension ändern, und genau das bedeutet für mich, sozial tätig zu sein.** Indem ich die Unkenntnis über die Zusammenhänge, die Gesetzmäßigkeiten, dem anderen nahebringe.

Hier heißt das ganz konkret, Sie daran zu erinnern, dass Sie Meister sind. Hören Sie auf, Opfer zu spielen. Sie können weiter Opfer sein, aber dann als Meister. Sie sollten wissen, dass Sie in Wirklichkeit Meister sind. Wenn Sie einen Grund haben in die Opferrolle zu gehen, und Sie ziehen das im Spiel des Lebens vor, ist das Ihre Entscheidung. Alles ist dann vollkommen in Ordnung.

Sie sollten nur wissen, es muss nicht sein. Sie sollten bei dem Spiel nicht meinen, Sie wären wirklich ein Opfer. Sozial tätig zu sein heißt, den anderen an sich selbst zu erinnern: an seine grenzenlosen Möglichkeiten. Es geht nicht darum, irgendetwas mit ihm zu teilen. Nur das Wissen soll man teilen. Dieses Wissen um die wahre Identität.

Es wäre auch unwürdig, wenn ein Meister einem anderen Meister etwas geben würde. Damit macht er ja den anderen zum Empfänger, zum Sozialhilfeempfänger. Das ist eines Gottes, eines Meisters unwürdig. »Ich bin der Gebende. Ich habe genug. Ich gebe dir etwas ab. Ich tue es gern. Mir tut es nicht weh. Du kannst es ruhig annehmen.« Das ist nicht der richtige Verkehr unter Göttern. Wir müssen miteinander erkennen, die Fülle ist unser Erbe. Wir können so viel davon haben, wie wir wollen. Niemand muss von sich nehmen und dem anderen davon etwas geben. Das hilft ihm nicht. Er muss ihm zeigen, wie er etwas verändert.

Das versuche ich hier zu tun. Ich möchte Sie an die unbequemen, kleinen Schritte erinnern, die wir tun können. Die wir tun müssen. Nämlich nicht mehr heraussinken. Und uns immer wieder daran erinnern.

Macht es Sie müde, so lange in einem hohen Bewusstsein zu bleiben? Ist das für Sie anstrengend? Wenn Sie sich wieder umstellen, ändern Sie auch Ihre Atmosphäre. Die wird immer leicht »strubbelig«, wenn Sie wieder in den

Verstand gehen, in die Persönlichkeit, in die Resignation, in das gefasste Ertragen der Dinge.

»Der Herr hat es gegeben. Die Wege des Herrn sind wunderbar.« Das hört sich sehr gut, tugendhaft und christlich an, aber das ist die Opferhaltung. Das ist nicht der Meister. Das ist das Gegenteil von einem Meister.

Nehmen wir die Dinge wieder in die Hand. Vielleicht kommen wir, wenn wir andere Aspekte anschauen, eher wieder ins Meisterbewusstsein.

Meisterhafter Umgang mit Erfolg

Wie wäre es mit Erfolg? Hätten Sie gerne mehr Erfolg? Erfolg bedeutet nicht Macht, Geld, Besitz. Auch, zugegeben, aber das ist eigentlich nur ein kleiner Bereich. Erfolg umfasst alle Bereiche des Lebens. Erfolgreich sein in dem, was ich tue, z. B. jetzt erfolgreich ins Meisterbewusstsein gehen und als Meister erfolgreich wirken. Erfolgreich mein Nervensystem in Ordnung bringen. Erfolgreich meine Kinder schützen, wirklich behüten, meisterlich. Also, in meinem Tun erfolgreich sein.

Worauf es also ankommt als Meister, ist, dass jedes Vorhaben, jedes, ohne Ausnahme, zu einem Erfolg wird.

Was ist ein Erfolg?

Machen wir uns das einmal bewusst. Wir sind immer in jedem Fall hundertprozentig erfolgreich. Sie können Ihren Erfolg nicht steigern. Das ist nicht möglich. Denn bisher war es so, und das wird auch in Zukunft so sein, dass immer all das, was Sie verursachen, auch passiert. Nicht das, was Sie haben wollen. Das ist wieder etwas anderes. Das heißt, an den Wirkungen sehen Sie, wie präzise Sie das verursacht haben, was Sie haben wollten: getroffen, haarscharf daneben oder völlig daneben?

Aber erfolgt ist immer genau das, was Sie verursacht haben. Sie brauchen also nicht zu lernen, erfolgreicher zu werden. Das sind Sie bereits hundertprozentig. Was Sie lernen könnten, wäre, präziser zu verursachen. Das geht vom Ziel aus. Um präziser eine Ursache zu setzen, muss ich erst einmal ganz präzise definieren, was das Ziel ist. Was genau will ich erreichen? Fühle ich mich wertvoll, oder bin ich das Hindernis? Dann, ganz gleich, wie der Erfolg aussieht, kann ich das manifestieren.

Dazu muss ich aber den Schritt tun – endlich vollziehen – vom Opfer zum Schöpfer. Wir müssen uns irgendwann einmal entscheiden. Zunächst muss ich erkennen, dass diese Opferrolle verbunden ist mit der Identifikation, mit einem Ich. Ein Ich ist ein Opfer. Ein Schöpfer kann nicht gleichzeitig Opfer sein. Ein Schöpfer kann ja jede Situation ändern. Er kann jede Situation bestimmen, bevor sie eingetreten ist. Also kann er nicht Opfer sein.

Manche gelten als Magier. Sie sind im Ich als Persönlichkeit und nutzen einen Teil der schöpferischen Macht, um die Dinge zu schaffen, die sie gerne hätten. Das aber ist nicht gemeint mit »Schöpfer sein«.

Bleiben wir einmal bei dem Begriff »Magier«, damit Sie den Unterschied sehen. Das ist einer, der gelernt hat, einen Teil der Kraft zu nutzen zu seinem Vorteil. Er schafft sich die Dinge, die er braucht, die er haben möchte, und er erreicht sie auch. Denn die schöpferische Kraft steht jedem zur Verfügung. Ein Schöpfer bin ich nicht, wenn ich gegen etwas bin. Als Schöpfer sorge ich durch mein So-Sein, dass das Richtige geschieht. Es gibt gar nichts zu schöpfen, zu tun. Der Körper spiegelt einfach mein »So-Sein« wieder.

Schöpfer sein heißt,
schöpfen durch Sein,
nicht durch Tun.

Ich nutze keinen Teil der Allmacht. Ich bin die Allmacht. Sonst gebrauche ich nur die Macht. Wenn ich als Magier schöpfe, trage ich die Verantwortung für alle Folgen. Für alles, was folgt, bin ich ein Schöpfer. Ich trage keinerlei Verantwortung. Ich bringe das Stimmig-Sein in die Schöpfung. Ich sorge dafür, dass Schöpfung stimmt. Ich bin im reinen, folgenlosen Tun. Erfolg ist sehr weit gefasst, und ein Meister sollte bei allem, was er tut, erfolgreich sein.

Meisterhafter Umgang mit der Zeit

Wie sieht es mit anderen Bereichen aus? Wie ist es mit Zeit? Können Sie mit Zeit umgehen? Es gibt Leute, die können das nicht. Ich kenne eine ganze Reihe, die einfach nicht mit der Zeit umgehen können. Wenn sie am Abend in ein Theater gehen wollen, dann ist es egal, ob sie um 16:00 Uhr oder um 19:00 Uhr beginnen, sich umzuziehen, sie werden um 20:30, wenn das Theaterstück beginnt, nicht fertig sein.

Sie wissen ja, Sie haben Zeit, und irgendwie zerrinnt die Zeit. Ihr Partner steht neben Ihnen und fragt sich: »Warum kommen wir heute schon wieder zu spät?« Ich kann das nicht nachempfinden. Da bin ich kein guter Lehrer, weil ich kein Empfinden dafür habe, wie einem das passieren kann. Wie funktioniert so etwas? Ich lebe absolut in der Zeit. Ich weiß immer, wie spät es ist. Ich weiß, wie lange ich für etwas brauche, und ich bin immer rechtzeitig. Ich kann mir das nicht vorstellen.

Schauen wir einmal hin. Wie sieht Ihr Bewusstsein jetzt aus? Wenn Sie einmal Ihre jetzige Energie nehmen. Sie brauchen nur ein bisschen das Gewicht zu verlagern, und es stimmt. Aber wenn Sie auch nur ein klein wenig unachtsam sind, dann stimmt es nicht mehr. Verlagern Sie doch einmal ganz bewusst das Gewicht auf den Meister. Lassen Sie uns ein Experiment wagen.

Sie machen jetzt einmal etwas, was Sie vielleicht noch nie getan haben. Sie gehen jetzt in den Verstand. Das haben Sie schon gemacht, nur als Meister nicht! Sie denken jetzt einmal als Meister. Bisher ging dort eine Persönlichkeit hin. Jetzt bleiben Sie einmal ganz bewusst in der Identifikation mit dem Meister. Der Meister geht in den Verstand und denkt. Ganz egal, was Sie denken. Sie denken jetzt etwas Wichtiges, nur dass Sie dabei in jeder Sekunde bewusst bleiben, wer Sie sind. Hängen Sie ein Schild an die Tür: »Hier denkt der Chef noch selbst.« Denken Sie als Meister. Was Sie wollen. Probieren Sie einmal aus, ob Sie das schaffen, ohne in die Identifikation mit dem Verstand und der Persönlichkeit zu geraten.

Machen wir es ein bisschen schwieriger. Gehen Sie jetzt auch in die Persönlichkeit, in Ihre Persönlichkeit, ins Ich, aber als Meister. Sie sind sich im Ich als Meister bewusst und bleiben in der Identifikation mit dem Meister, der Sie sind, während Sie im Ich sind. Das ist ein ganz wichtiger Schritt, zu lernen im Verstand zu sein und in der Persönlichkeit, im Ich. Wenn Sie wollen, noch im Gemüt, aber als »Sie SELBST«.

Spüren Sie doch einmal ein Gefühl, als Meister, als Selbst. Schauen Sie, was Ihr Gemüt gerade so macht. Was es fühlt. Was können wir jetzt tun, damit Sie drinnen bleiben, im Verstand, im Ich, als Meister? Dass sich diese Identifikation nicht mehr verwischt.

Machen wir es noch ein bisschen schwieriger. Sie sind im Ich, im Verstand, in der Persönlichkeit, und Sie machen sich einen Wunsch bewusst. Etwas, was Sie gerne hätten, ohne ins Mangelbewusstsein zu kommen. Also,

Sie machen sich nur bewusst, dass Sie etwas erreichen wollen. Sie bleiben in der Identifikation mit sich, aber Sie machen sich etwas bewusst, was Sie gerne verwirklichen wollen. Haben möchten. Manifestieren wollen. In Erscheinung treten lassen wollen.

Gehen wir noch einen Schritt weiter.

Meisterhafter Umgang mit der inneren Führung

Haben Sie den Mut, Ihre innere Führung loszulassen. Ich meine nicht einen Moment, sondern endgültig. Viele haben ja eine innere Stimme. Manche nennen es Gewissen. Einen Wertmaßstab, Jugend, Moral. Die ihnen sagt: »Das sollst du tun. Das sollst du nicht tun.« Oder einen inneren Meister, den sie fragen, wenn sie unsicher sind. Sie gehen in Meditation. Dann erscheint der Meister innen drinnen als Licht auf einem Berg und sagt: »Du tust gut daran ...« Wie auch immer.

Als Meister müssten Sie auf das Mami-Papi-Syndrom verzichten, wenn Sie darunter leiden. Wir müssten dieses innere Seil, diese Führung loslassen und ersetzen durch unser Bewusstsein. Das heißt, selbst die Verantwortung übernehmen. Nicht weil der innere Meister es gesagt hat, tue ich es, sondern ich tue es, weil es stimmt. Es muss mir niemand etwas sagen. **Ich bin der innere Meister, der als äußerer Meister in Erscheinung tritt.**

Meisterhafter Umgang mit Fehlern

Wie gehen wir mit Fehlern um? Haben Sie schon einmal einen Fehler gemacht? Ich glaube nicht, dass jemand jemals einen Fehler gemacht hat. Sie haben sicher schon etwas getan, das sich später als falsch herausgestellt hat. Sie haben vielleicht sogar etwas getan, von dem Sie im gleichen Augenblick wussten, dass es falsch war. Sie haben vielleicht sogar etwas getan, von dem Sie vorher schon wussten, dass es falsch ist, und Sie haben es trotzdem getan.

Dennoch wage ich zu behaupten: Es war kein Fehler. Aus irgendeinem Grund brauchten Sie diese Erfahrung. Und sei es nur, um zu erkennen, dass das ein Fehler war. »Warum ist mir das passiert? Wie konnte das geschehen? Ich wusste doch, dass es falsch ist.«

Das Wort Fehler müsste Helfer, Lehrer oder Erinnerer heißen. Es ist eine Botschaft, die mir sagt: »Da fehlt etwas.« Sie fordert mich auf, das Fehlende hinzuzufügen. Wenn diese Botschaft nicht gekommen wäre, der Fehler nicht passiert wäre, hätte ich es ja nicht gemerkt. Hätte ich ja nicht gelernt. Wenn ich also diese Botschaft brauchte, dann kann dieser Fehler ja kein Fehler gewesen sein. Dann fehlte er nur. Aber es war kein Fehler, dass er passiert ist.

Vielleicht können wir jetzt noch unsere Einstellung zum Fehler revidieren. Dass Sie niemals denken, Sie würden jemals etwas falsch machen. Denn es gibt weder Falsch noch Richtig. Es ist Ihre Entscheidung, und egal, was Sie tun, Sie tragen die Konsequenzen. Wenn Sie als Meister handeln, nicht einmal das. Dann sind Sie in reinem, folgenlosem Tun.

Im Meisterbewusstsein bleiben

Jetzt probieren wir das einmal. Sie gehen aus dem Cabriolet heraus, bleiben aber im Verstand. Bleiben in der Persönlichkeit. Bleiben im Ich und gehen in die Wahrnehmung. In die Wahrnehmung der Intuition.
Sie machen also das Dach auf. Lassen den Energiekörper herauswachsen. Nicht den Kopf herausstrecken oder mit dem Verstand herausgehen. Sondern Ihr Sein über den Körper hinauswachsen lassen. Und während Sie in Ihrer Persönlichkeit sind, im Verstand, im Ego, im Gemüt, alles gleichzeitig wie immer, wie bisher – gehen Sie in die Wahrnehmung.

Es fällt den meisten leichter in der Persönlichkeit zu bleiben und in die Wahrnehmung zu gehen, als die Persönlichkeit loszuwerden und wahrzunehmen. Es ist ganz gleich. Wichtig ist nur eins. Wie verhindern Sie jetzt, während Sie in der Persönlichkeit sind, im Ego, im Verstand, im Gemüt, dass Sie nicht wieder in die Identifikation geraten? Dass Sie in der Identifikation mit sich selbst bleiben? Dass also pure Bewusstheit in der Persönlichkeit ist? Oder wenn Sie es als Gestalt, als Symbol brauchen, nehmen wir den Meister. Dass der Meister in der Persönlichkeit ist? Dass Sie als Meister in der Persönlichkeit sind und gleichzeitig in der Wahrnehmung, in der Intuition?

Zwei Meter groß. Jetzt richten Sie doch einmal zur Kontrolle Ihre Wahrnehmung auf irgendetwas, was Sie interessiert. Lassen Sie Ihren Verstand nicht dazwischenreden, sondern nehmen Sie einfach nur wahr. Wie geht es mit Ihrer Partnerschaft weiter? Wie entwickelt sich diese oder jene Situation? Oder was ist hier zu tun? Ganz gleich. Nur, dass Sie einmal ein Gespür bekommen für die Art der Wahrnehmung. Wie erfahren Sie Intuition? Ist das ein Bild? Eine Stimme? Eine innere Gewissheit? All das kommt in der Ruhe. Ich nenne das innere Gewissheit. So ist es! Sie müssen nur ein Gespür bekommen von dieser Qualität, dass Sie sie von anderen Dingen unterscheiden können. Sie können ja auch mal ruhig sein, und es kommt Ihnen eine Idee, und es ist keine Intuition.

Wir müssen also lernen eine Intuition von einem Gedanken zu unterscheiden. Gehen wir noch einen Schritt weiter. Also noch einmal.

Sie sind im Verstand, in der Persönlichkeit, im Ich, im Gemüt, im Cabriolet, zwei Meter groß, in der Wahrnehmung. Sie richten Ihre Wahrnehmung auf nichts Bestimmtes. Sie

sind nur in Bereitschaft. In diesem Bewusstsein zu leben wäre ideal! Das kommt dem Angekommen-Sein sehr nahe.
Jetzt kommen Sie doch einmal vollständig bei sich an. Das heißt, der Meister nimmt den Körper in Besitz. Füllt den Verstand aus. Denkt selbst. Es ist der Meister, der fühlt. Es ist der Meister, der als Persönlichkeit in Erscheinung tritt. Sie sind am Ziel! Sie brauchen Ihr Ego nicht zu verteufeln. Ihre Persönlichkeit nicht loszuwerden. Sie können Ihren Verstand benutzen, wo es sinnvoll ist. Sie können bei alldem »Sie selbst sein«. In der Identifikation mit der Wirklichkeit. Mit der Sie wirklich sind. Sein mit sich selbst. Spüren Sie einmal die Energie des Angekommen-Seins. Mit einem Aufatmen. Endlich, jetzt! Jetzt habe ich es wirklich. Jetzt bin ich angekommen. Jetzt finden Sie Ihren Weg, in diesem Angekommen-Sein zu bleiben.

Wenn Sie es zwischendurch verlieren, es Ihnen entgleitet, kommen Sie einfach wieder an. Heben Sie sich einfach wieder in den Sattel. Führen Sie sich ins Angekommen-Sein zurück. Probieren Sie einmal die einzelnen Tätigkeiten. Wie ist das, im Angekommen-Sein mit einem anderen zu sprechen? Ganz gleich, ob der auch angekommen ist oder nicht. Ich spreche mit einem anderen und bleibe angekommen. Ich gehe essen – angekommen. Ich höre das pulsierende Leben – angekommen. Ich schlafe ein. Im Bewusstsein des Angekommen-Seins einschlafen und aufwachen. Am Morgen fragen: Bin ich angekommen geblieben über Nacht? Oder habe ich das Angekommen-Sein im

Traum, im Schlaf irgendwo verloren? Ich muss mich wieder erinnern. Frühstücken – angekommen sein. Nicht ein Konzept daraus machen. Eine Vorstellung.

Wie bleibe ich im Meisterbewusstsein trotz für mich schmerzlicher Ereignisse wie z. B. die grausamen Tierversuche? Hat ein Tier vielleicht auch ein Karma?

Erstens kann ein Tier so etwas nicht verursachen. Es hat keine Individualität und somit keine persönliche Freiheit, wirkliche Dinge zu tun. Zweitens unterstellen wir einfach, dass das Karma ist. Karma heißt ja die Tat, das Geschaffene. Also, das ist es schon einmal nicht. **Tiere haben keine Einzelseele, sondern eine Gruppenseele.** Es ist die Gruppenseele, die entscheidet, welche Erfahrungen alle Angehörigen dieser Gruppenseele machen. Wenn die eine Kraft sich entschließt, nicht ins Sein zu treten, dann geht es durch die Erfahrung der Vollkommenheit. Vollkommenheit ist nicht das, was wir uns normalerweise automatisch vorstellen. Gut, schön, edel, rein, hoch. Sondern wie der Name Vollkommenheit schon sagt, alles, vollkommen alles, gehört dazu.

Grausamkeit ist ein Teil dieser Vollkommenheit. Wir gehen durch die Erfahrung der Vollkommenheit. Das heißt, Grausamkeit wird nicht ausgespart. Hilflosigkeit, Ausgeliefertsein, Machtlosigkeit. Alles das gehört zur Erfahrung der Vollkommenheit. Nur unser Verstand bewertet schlimm, schön oder was auch immer. Das Selbst, das Sein sagt: »Erfahrung der Vollkommenheit.« Wir sind nicht hier, um nur angenehm durch die Zeit zu kommen oder nur angenehme Dinge zu erleben, sondern, um uns bewegen zu lassen und alle möglichen Dinge zu spüren. Und in der letzten Instanz sind »grausam« und »ideal« identisch.

Es spielt keine Rolle. Es ist eine Erfahrung. Ein Teil der Vollkommenheit. Der möglichen Erfahrung in diesem Universum. Wir haben dann eben auch traditionelle Erziehung, Mitleid, Mitgefühl, hilflose Kreaturen, möchten gerne und können doch nicht eingreifen usw. All diese Dinge, die mitleidige Menschen tun – irgendwo in Tierversuchsanstalten einbrechen, die Käfige öffnen, die Tiere herauslassen ... Das hört sich zwar gut an und sieht auch in der Zeitung interessant aus. Löst aber das Problem überhaupt nicht, weil die Gruppenseele dann einfach wieder eine neue Möglichkeit für diese Erfahrung findet.

Wir müssen also irgendwann einmal dieses Urteil loslassen: Das ist gut, und das ist schlecht. Genau das gibt es im Sein nicht. Das ist eine Erfahrung, und jenes ist auch eine Erfahrung, und alles sind Erfahrungen der Vollkommenheit. Wenn ich eine davon auslasse, dann habe ich die Vollkommenheit nicht erfahren.

Es fängt nämlich gleich an, wenn wir eintreten in die Evolution, nachdem wir die Involution abgeschlossen haben. Involution heißt, ich muss zunächst einmal als Gott meine Vollkommenheit vergessen, damit Evolution möglich wird. Das ist die Involution. Dann trete ich, nachdem ich vorher allmächtig, allwissend war, in die Erfahrung der Hilflosigkeit als Stein. Ich liege Jahrmillionen in der Gegend herum und kann nichts tun. Ich bin absolut machtlos. Ab und zu kommt mal ein Wind und streicht über mich. Dann kommt vielleicht ein Schnee oder ein Vogel und macht mir aufs Haupt. Ich kann nichts tun. Ich erlebe einen Teil der Vollkommenheit. Eine ewig dauernde Hilflosigkeit. Dann glimmt die Sehnsucht auf, es soll sich entwickeln. Es soll vorwärtsgehen. Dann komme ich in die Pflanze, und dann geht es voran usw.

Kurzum, wir sollten uns frei machen vom Urteil und bereit sein zu erkennen, dass all das zur Vollkommenheit gehört. Ich kann das gut nachempfinden.

Ich habe mir früher immer ausgedacht, wenn ich mal später groß bin, Gott bin, dann mache ich ein neues Universum. Mit ganz anderen Regeln. Da muss kein Tier das andere fressen, um satt zu sein. Dann sind alle nett zueinander. Da kommt der Löwe zum Schaf und sagt: »Du, ich habe Hunger.« Sagt das Schaf: »Kleinen Moment, ich habe noch etwas zu tun. Du kannst gleich meinen Körper haben. Ich gehe dann rechtzeitig raus.« Geht dann raus. Macht die Tür hinter sich zu, und der Löwe frisst dann den Körper. Keinem tut es weh. Das Schaf geht nach Hause, ihm ist ein neuer Körper gewachsen. Alles wäre denkbar. Es könnte alles viel friedlicher sein. Das ist eben aus der begrenzten Sicht des Menschen. Der urteilt, es soll doch angenehm sein.

Angenehm hat überhaupt keinen Stellenwert in der Schöpfung. Wenn wir einmal auf unser Leben hinschauen. Wenn Sie fragen: »Was hat mir die wichtigste Erfahrung in meinem Leben vermittelt?« Denken Sie mal nach. Sie werden so gut wie nie auf etwas Angenehmes kommen. Es war immer dann, wenn der »Hammer« kam und Sie gesagt haben: »O Gott. Nein, jetzt nicht.« Aber hinterher haben Sie gesagt: »Das war jetzt eigentlich für mich das Wichtigste.« Daran erkennen wir, dass angenehm, auch für Ihr Selbst, überhaupt kein Ziel ist. Nicht erstrebenswert.

Jemand hat einmal ganz klar gesagt: »Das Bindeglied zwischen Tier und Mensch ist endlich gefunden. Das sind wir.« Machen wir uns bewusst, dass wir auf dem Weg zum Menschen sind. Wir sind noch keine Menschen. Wir haben einen menschlichen Körper. Wir sind auf dem Weg dorthin. Der Mensch ist geschaffen nach dem Ebenbild Gottes. Erst wenn wir diese Ebene erreicht haben, sind wir menschlich geworden. Erst wenn wir Gott sind, sind wir ganz Mensch.

Das heißt, der Vollendete ist erst der Mensch, so wie er von der Schöpfung gemeint ist. Wir sind mehr oder weniger weit auf dem Weg.

Eines steht fest: Wenn Sie diesen Lehrgang durchgearbeitet haben, können Sie nicht mehr so weitermachen wie bisher. Ihr Bewusstsein hat sich verändert. Also muss sich Ihr Leben verändern.

Die Schwelle überschreiten

Sie stehen vor einer ganz wichtigen Entscheidung. Diese Entscheidung führt Sie hinauf oder hinunter. An der Stelle, an der Sie gerade sind, können Sie nicht bleiben. Um es ganz klar zu sagen: »Sie stehen vor der Entscheidung, die Schwelle zu überschreiten.« Es geht jetzt um diesen Augenblick – und das ist die Prüfung des Meisters, die nicht am Ende eines Seminars oder Lehrgangs kommt –, und auch wenn Sie sich nicht entscheiden, haben Sie sich entschieden. Es geht nicht darum, einmal die Schwelle zu überschreiten. Worum es geht, ist die Schwelle, die wir überschreiten, zum Tor des Himmels.

3.
Stufen des Erwachens

Ein Kind ist von Geburt an ein Mensch, und doch vollzieht es viele Reifungsstufen, um als Erwachsener wirklich als Mensch gereift zu sein. So wie das Kind das Entwicklungsziel hat, sein Potenzial als Mensch zum Ausdruck zu bringen, ganz Mensch zu werden, hat der Erwachsene das Ziel, erleuchtet zu werden. Wie ein Kind im Wesen bereits ein Mensch ist, sind wir im Wesen bereits erleuchtet. Doch wie das Kind sich über verschiedene Stufen zum Erwachsenen herausbildet, vollzieht sich auch die Erleuchtung in der Regel in verschiedenen Stufen.

Was ist Erleuchtung?

Schauen wir uns noch einmal die Erfahrung der Erleuchtung an. Unzählige Menschen haben die Frage gestellt: »Was ist das eigentlich, Erleuchtung?« Unzählige haben versucht sie zu erreichen.

Wenn Sie einmal die Geschichte der Menschheit anschauen, werden Sie überrascht sein, wie selten Erleuchtung in den letzten fünftausend Jahren stattfand. Selbst bei denen, die behaupten, sie zu haben, ist oft genug nicht sicher, ob sie auch wirklich die höchste Erleuchtung erreichten.

Die Idee von der Erleuchtung hat die natürliche Evolution in Stress und Frustration verwandelt. Wir hatten plötzlich ein Ziel. Ein fernes, schwer zu erreichendes Ziel. Es ist ein bisschen so wie eine Wurst, die man dem Hund hinhält, und er darf nie reinbeißen.

So wie der Arme ein kleines Häuschen haben will, will der Suchende Erleuchtung erreichen. Aber auch derjenige, der Erleuchtung haben will, lebt nicht stimmig. Wenn Sie glücklich und in Harmonie mit sich und der Welt sind, ist es Ihnen völlig gleich, ob man diesen Zustand Erleuchtung nennt oder nicht. Die meisten Suchenden streben ständig nach dem nächsten Schritt. Dem besten Buch. Dem wirkungsvollsten Seminar. Dem hilfreichsten Lehrer oder Guru. Der letzten befreienden Erkenntnis. Anstatt zu prüfen, was sie tun könnten, um in diese lebendige Erfahrung zu kommen, schieben sie dem Vermittler, dem Buch, dem Seminarleiter, dem Lehrer, die Wahrnehmung dieser Aufgabe zu.

Stellt sich das erhoffte oder erwartete Erlebnis der Erleuchtung nicht ein, wenden sie sich ab. Sie suchen den Nächsten, um mit ihm das Spiel »Du bist mein Befreier« erneut anzugehen.

Vielleicht sollten wir einmal fragen: »Wer sucht denn Erleuchtung?« Und was heißt das überhaupt? Wir werden auf diese Weise nicht zur Erleuchtung finden, denn Erleuchtung ist unser ganz natürlicher Zustand. Sie zu erkennen, aus ihr heraus zu leben, erleuchtet zu sein, all das hat etwas mit unserer wahren Natur zu tun.

Das Geheimnis besteht darin, zu erkennen, dass kein Mensch der Erleuchtung bedarf. Dass es nichts zu erreichen und nichts zu überwinden gibt. Dass das Ziel aller spirituellen Arbeit an sich in der Erkenntnis gipfelt, zu erkennen, dass wir von jeher am Ziel sind.

Sie sind jetzt in diesem Augenblick erleuchtet. Sie werden es immer sein, denn Erleuchtung ist Ihr wahres Wesen. Wann immer Sie einem Erleuchteten begegnen, war er nicht erleuchtet. Denn es gibt keinen Erleuchteten, da jemand nicht erleuchtet sein kann. Solange noch jemand da ist, ist keine Erleuchtung da.

Drei Hindernisse zur Erleuchtung

Es gibt drei Hindernisse zur Erleuchtung, die wir uns bewusst machen sollten.

Das erste ist Ablehnung. Dagegensein. Aggression. Ärger. Allergie. Prüfen Sie einmal ernsthaft dieses Hindernis: Gegen was in meinem Leben bin ich noch? Was in meinem Leben lehne ich ab? Und warum?

Was finden Sie? Was lehnen Sie ab? Vielleicht das Rauchen? Haben Sie irgendeine Vorstellung, was einen Menschen veranlassen kann, Geld auszugeben, um freiwillig diesen Gestank einzuatmen? Wir sollten einmal dahinterschauen. Wenn jemand z. B. das Rauchen ablehnt, dann müsste er seine Argumente prüfen, warum er gegen das Rauchen ist. Vielleicht ist es der Gestank. Oder es schadet der Gesundheit. Das ist unvernünftig. Die Frage ist, wo schade ich meiner Gesundheit? Wo handle ich unvernünftig? Ich meine eigentlich meine Unvernunft. Meine Sinnlosigkeit. Meine Schädigung der Gesundheit. Die Hindus sagen:

> »Wer immer mit einem Finger
> auf andere zeigt, zeigt mit drei Fingern
> auf sich selbst.«

Schauen wir einmal hinter die Kulissen. Der, den ich wirklich meine, bin ich immer selbst. Also, was an mir lehne ich wirklich ab? Das ist aber nur ein Hindernis. Wir wollen gar nicht tiefer eintauchen. Das können Sie selber tun.

Das zweite Hindernis auf dem Weg zur Erleuchtung ist »Habenwollen«. Wünsche. Begierden. An etwas hängen. Erfolg. Sex. Besitz. Macht. Aber auch subtilere Dinge. Recht haben wollen. Anerkennung haben wollen. Ein Ziel erreichen wollen. Vollkommenheit wollen. Erleuchtung wollen. Wollen!

Wo wollen Sie noch? Wo immer Sie wollen, sind Sie nicht

im Meisterbewusstsein. Sie sind wieder in der Affenfalle. Sie können sich aber jederzeit entlassen.

Da wir alles gleich vollziehen wollen, wäre jetzt eine gute Gelegenheit, dieses Wollen aufzugeben. Im TAO brauchen Sie kein Wollen. Da gibt es das, was stimmt, und das, was nicht stimmt. Mehr gibt es nicht – und Ihre Entscheidung es zu tun oder nicht.

Das dritte Hindernis auf dem Weg der Erleuchtung ist der Irrtum. Die Illusion. Wir alle leben in dieser Illusion. Wir sagen z. B.: »Die Sonne geht auf und unter«. Wir erleben es alle jeden Tag. Die Sonne denkt aber überhaupt nicht daran, auf- oder unterzugehen. Sie ist ein Fixstern. Sie steht einfach da. Natürlich ist die Behauptung, sie sei ein Fixstern, auch eine Illusion.

Sie ist ja nirgendwo angenagelt. Wer sagt schon, dass sie wirklich fix steht? Sie steht fix in Relation zur Umdrehung der Erde.

Dann behaupten wir: »Der Mond nimmt ab oder zu.« Der Mond hat keine Gewichtsprobleme. Der macht auch nicht alle 28 Tage eine Diät. Natürlich nimmt er nicht ab oder zu. Wir sehen es mit unseren Augen, aber wir wissen, dass es nicht stimmt. Wo bin ich noch in der Illusion? Wo fehlt es mir an Einsicht? Wo bin ich noch im Irrtum?

Auch dieses Hindernis entfällt in der Wahrnehmung. Wie alle Schatten hinter Sie fallen, sobald Sie sich dem Licht zuwenden, so verschwindet Irrtum und Illusion hinter Ihnen, wenn Sie in die Wahrnehmung gehen und bleiben. Wenn Sie jenseits der Schwelle bleiben.

Zu den drei Hindernissen gibt es noch zwei Fallen auf dem Weg zur Erleuchtung.

Das eine ist der Ungehorsam. Im Wissen zustimmen, es wäre jetzt richtig, aber ich mag jetzt noch nicht. Dann bin ich in der Disharmonie.

Die zweite Falle begleitet uns bis unmittelbar vor die Himmelstür. Es ist der Stolz. Ich bin auf dem geistigen Weg. Ich tue das, was stimmt. Dein Wille geschehe. Ich bin ein guter Teil. Ich bin einer von den Guten.

Wenn wir das loslassen, dann wird Erleuchtung möglich. Das heißt, wir stellen fest, dass wir es haben. Der Weg zur Erleuchtung ist also die Erkenntnis, dass es keinen Weg gibt, weil es keinen Weg braucht.

Zehn Stufen der Erleuchtung

Vor langer Zeit wurde einmal der Weg zur Erleuchtung in den zehn Bildern des Ochsen dargestellt. Vielleicht sollten wir uns diese einmal bewusst machen, weil ich bis heute keine präzisere Form und keine bessere Beschreibung des Weges gefunden habe. Und sie hat den Vorteil, dass wir sie gleich vollziehen können. Sie können in der nächsten halben Stunde erleuchtet werden, wenn Sie jetzt einfach mitgehen. Offen sind. Bereit sind.

Diese zehn Bilder des Ochsen stellen also die zehn Phasen auf dem Weg zur Erleuchtung dar. Sie wurden im 12. Jahrhundert in China erschaffen. In ihnen wird die spirituelle Suche als die Suche nach einem schlauen Ochsen geschildert. Einem Ochsen, der frei im Wald umherstreift.

Dieser Ochse ist ein Symbol für die innere Natur des Bewusstseins. Eine bildliche Darstellung des Geheimnisses dessen, wer wir sind. Die Dimensionen der Erleuchtung, die von diesen zehn Bildern suggeriert werden, werden Schritt für Schritt immer umfassender. Im gleichen Maße wird diese Essenz des Bewusstseins, das, was die Zen-Meister unsere wahre Natur nennen, immer deutlicher. Lassen wir doch einmal Erleuchtung geschehen.

Erste Stufe

Das erste Bild des Ochsen, oder die erste Phase der Erleuchtung, wird **die Suche nach dem Ochsen** genannt. Sie bezeichnet den Moment, in dem wir uns des Prozesses der Erleuchtung ganz bewusst werden. Wir stellen uns jetzt das Geheimnis unserer wahren Natur als Objekt der Suche vor. Wir suchen nach uns selbst. Jetzt sind wir in diesem ersten Schritt ganz formell zu spirituellen Suchern geworden. Wir sind auf dem Weg.

Wir lesen in den überlieferten Kommentaren zu diesen Bildern des Ochsen, dass der Ochse nie verloren gegangen ist. Wozu sollte man ihn suchen? Indem wir unsere wahre Natur suchen, erschaffen wir eine illusionäre Dualität zwischen dem, der sucht, und dem Objekt, das gesucht wird. Warum sollten wir nach unserer wahren Natur suchen?

Die doch bereits gerade auf der Suche ist. Denn der, der da sucht, ist ja die wahre Natur.

Nur weil der Mensch seiner wahren Natur den Rücken zugekehrt hat, kann er sie nicht sehen. Also die erste Station ist das Bewusstwerden der Suche. Wir machen uns auf den Weg, um uns zu suchen. Wir wissen nicht, dass der, der sich auf den Weg macht, der Gesuchte ist. Der Suchende ist der Gesuchte.

Zweite Stufe

Das zweite Bild des Ochsen wird **das Entdecken der Fußstapfen** genannt. Durch immer größeres Verständnis und Lernen nimmt der Suchende die Fußstapfen des Ochsen wahr. Die Fußstapfen sind die Weisheitslehren, wie sie von zahlreichen erleuchteten Wesen überliefert worden sind. Der Sucher wird in der zweiten Station zum Finder. Aber die Illusion war ein untrennbarer Bestandteil der Suche, und genauso steckt die Illusion im Finden. Die Spuren des Ochsen sind nichts anderes als die Spuren des Suchers selbst, die er im eigenen Bewusstsein hinterlassen hat. Unzählige Fußstapfen entdeckt er im Wald, am Flussufer. Dahinter das zertrampelte Gras, und überall sieht man Zeichen der Gegenwart des Ochsen.

Er ist seiner wahren Natur ganz nahe. Er kann überall schon die Spuren sehen. Der Ochse ist also der ganze Bereich des Bewusstseins. Den die Sucher im ersten Stadium und die Anfänger im zweiten Stadium erkunden und dabei ihre eigenen Spuren zurücklassen. Diesen Spuren zu folgen ist jedoch eine fruchtbare und unerlässliche Illusion. Denn ohne sie sähe sich der Sucher nicht weiter dazu veranlasst, die Meditation über den allen Erscheinungen innewohnenden ursprünglichen Geist tatsächlich auszuüben. Das heißt, wer suchet, kann nicht finden, aber wer nicht sucht, findet erst recht nicht. Ich muss mich also erst auf die Suche machen, um mir der Illusion der Suche bewusst zu werden, um diese Suche loslassen zu können.

Dritte Stufe

Das dritte Bild des Ochsen wird **das Wahrnehmen des Ochsen** genannt. Diese Begegnung mit dem Ochsen wird nicht durch das Hören einer esoterischen Lehre oder der abstrakten Kontemplation von Sutras bewirkt, sondern durch die direkte Erfahrung. Man stellt sich nicht länger vor, dass sich der Ochse irgendwo da draußen befindet. Mit jeder unserer Sinneswahrnehmungen oder Gedanken können wir jetzt den Ochsen wahrnehmen. Der Meditierende, der den Ochsen erblickt hat, ist bewusst erleuchtet. Denn er oder sie sucht nicht länger den Ochsen oder findet seine Spuren. Er erkennt, der Ochse ist überall in allem vorhanden. Er ist nicht das Objekt einer abstrakten Kontemplation, sondern wird direkt erlebt. Das unmittelbare Erleben des Selbst. Da steht der Ochse. Wo könnte er sich verbergen? Der Ursprung kann sich nicht verbergen, denn er existiert in allen Formen. Dennoch gewährt diese dritte

Erleuchtungsphase nicht mehr als einen trunkenen Blick, eine ekstatische Erkenntnis, die kommt und geht. Weiteres Bemühen ist nötig, um diese urplötzliche Einsicht zu vertiefen und zu stabilisieren.

Vierte Stufe

Das vierte Bild ist **das Einfangen des Ochsen.** Heute begegnet der Suchende dem Ochsen, der lange Zeit auf den Wildwiesen herumgesprungen ist, und es gelingt ihm, ihn tatsächlich einzufangen. Er ist noch störrisch und ungezügelt. Wenn er ihn vollständig zähmen will, dann muss er von seiner Peitsche Gebrauch machen. Er muss den Strick fest fassen und darf ihn nicht loslassen. Denn der Ochse hat immer noch schädliche Neigungen. In diesem Stadium sind also Verzerrungen der echten Spiritualität möglich. Dass der Ochse noch störrisch und ungezügelt ist und sich nach den süß duftenden Gräsern sehnt, spiegelt die Tatsache wider, dass das ursprüngliche Gewahrsein immer schon in einem unendlichen Bereich, der nicht von den Konventionen des Menschen eingeschränkt wird, zum Tragen kommt. Worauf es jetzt also in dieser Phase ankommt, ist, die Energie der Erleuchtung mit der Persönlichkeit in Einklang zu bringen. Das, was Sie sich im vorhergehenden Text schon bewusst gemacht haben. »Ich gehe in höchste Höhen. Lasse alles zurück. Bin das Nichts. Und als Nichts kehre ich zurück in das Sein. In den Körper. In den Verstand. Bleibe pure Bewusstheit. Aber bin wieder im Sein.«

Fünfte Stufe

Das fünfte Bild ist **das Zähmen des Ochsen.** Es weist auf eine noch intensivere Vertrautheit mit der wahren Natur hin. Die vorangegangene Phase, das Einfangen des Ochsen, ist dazu da, die spirituelle Ansicht unter aller Einsicht, unter allen Bedingungen und Umständen aufrechtzuerhalten. Das Zähmen des Ochsen ist ein subtilerer Vorgang. Mit müheloser Innigkeit. Jetzt schließt man mit dem Ochsen Freundschaft. Wir können annehmen, dass das Zähmen des Ochsen mit dem Auslöschen aller oder wenigstens der als negativ oder unwirklich angesehenen Gedanken beginnen würde. Aber das ist nicht der Weg der Erleuchtung. Der grundsätzlich dadurch zustande kommt, dass er alles einschließt und nichts ausschließt. Das Zähmen des Ochsen beginnt diese illusorische Unterscheidung zwischen dem spirituellen und dem gewöhnlichen Leben aufzulösen. Eine Unterscheidung, die nicht länger nützlich ist. Wer zum Weisen wird, der freundet sich mit den Begrenzungen des gewöhnlichen Ichs an. Und zieht sich nicht in das transzendente Ego des spirituellen Suchers oder des Fortgeschrittenen zurück. Richtig erzogen, wird der Ochse jetzt rein und sanft. Ohne Fesseln folgt er willig seinem Meister. Das Entscheidende bei dieser Zähmung ist das Losbinden des Ochsen. Ich arbeite nicht mehr an mir, um mich irgendwo zu halten. Um irgendein Bewusstsein zu schaffen. Der Ochse ist ein freier Begleiter geworden. Das heißt, ich bin ständig in Kontakt mit meiner wahren Natur.

Sechste Stufe

Das sechste Bild des Ochsen ist **das Heimreiten auf dem Ochsen.** Der Fortgeschrittene wird jetzt zum erleuchteten Weisen. Der Kampf ist vorüber. Gewinn und Verlust betreffen ihn nicht mehr. Fest auf dem Rücken des Ochsen sitzend, blickt er heiter zu den Wolken über ihm auf. Wohin er auch immer gehen mag, bringt er einen frischen Wind mit sich, während sein Herz von einer tiefen Ruhe beherrscht wird. Spontan beginnt der Weise Erleuchtung auszustrahlen, die nicht länger einfach eine Einsicht ist, die in ihm alleine lebendig ist, sondern die er mit allen teilt.

Der Weise bezieht sich immer noch auf den Ochsen als ein von ihm abgetrenntes Wesen. Auch wenn ihm das Wesen jetzt ganz innig vertraut ist, dass er es mühelos reiten kann. Ohne die geringste Aufmerksamkeit darauf zu richten, wohin es geht. Der Ochse muss jetzt noch äußerlich als getrennte Ganzheit verschwinden. Er muss vollständig durch die eigene Person zum Ausdruck gebracht werden.

Siebte Stufe

Das siebte Bild des Ochsen ist **das Verschwinden des Ochsen.** Oder das Vergessen des Ochsen. Der Ochse, das ursprüngliche Wesen, hat nun erkannt, nur auf dem Ochsen war es ihm möglich heimzukehren. Aber seht nur, der Ochse ist jetzt verschwunden. Alle spirituellen Praktiken und Rezepte sind jetzt unbedeutend, können losgelassen werden. Die Meditation wurde zur ganz natürlichen Tätigkeit des Weisen und ist nicht mehr als Spazierengehen oder Atmen, umfasst nicht länger irgendein Gefühl der Trennung oder Motivation.

Obwohl der getrennte Ochse verschwunden ist, existiert der erleuchtete Weise immer noch als eine besondere Verkörperung der wahren Natur. Er erfreut sich seiner Heiterkeit und seines Alleinseins. Und wie die Rolle des Suchers und des Schülers allmählich verschwinden, so muss auch die Rolle des Weisen aufhören, die Erleuchtung zu begrenzen. Das heißt in unserer Denkweise, wenn wir irgendwohin wollen, fahren wir vielleicht erst mit dem Taxi zum Bahnhof. Lassen das Taxi hinter uns. Wir haben nichts mehr mit dem Taxi zu tun. Wir steigen in den Zug ein. Am Zielbahnhof steigen wir aus dem Zug aus. Wir brauchen den Zug nicht mehr. Das heißt, Sie lassen ein Hilfsmittel nach dem anderen zurück. Sie sind am Ziel. Sie brauchen keine Hilfsmittel mehr.

Achte Stufe

Das achte Bild des Ochsen heißt **das Verschwinden von Ochsen und Selbst.** Die letzte trügerische Barriere hat sich in Luft aufgelöst. Auf der achten Stufe, die durch den leeren Raum dargestellt wird, gibt es nur noch die erwachte Erleuchtung. Keine Kontemplation. Keinen, der sich der Kontemplation hingibt. Keine Heiterkeit. Keine Störung. Er verweilt nicht in Buddha und geht auch durch das Nicht-

Buddha-Sein hindurch. Die erwachte Erleuchtung hält sich an nichts fest. Hier gibt es keinen mehr. Nicht einmal den Weisen. Das Leben soll nicht durch Erleuchtung eingesperrt werden. Wir können auch sagen: »Irgendwann lassen wir auch das Selbst, das wir so mühsam erreicht haben, hinter uns zurück. Es wird nicht mehr gebraucht.«

Neunte Stufe

Das neunte Bild des Ochsen heißt **die Rückkehr zum Ursprung** oder das Erreichen der Quelle. Berge und Nadelwälder, Wolken und Wasser erscheinen aus dem Nichts. Der offene Raum der Leere geht in eine Art Frühling über. Das formlose Bewusstsein wächst wieder in die Formen zurück, ohne sein formloses und vollkommen geeintes Wesen zu verlieren. Das Nichts kehrt zurück ins Etwas. Jede Manifestation wird nun vom Zustand der erwachten Erleuchtung als etwas wahrgenommen, was sich aus der Erleuchtung selbst verströmt. Diese Rückkehr zur Quelle muss sich vertiefen, um die Rückkehr ins weltliche Leben einzuschließen. Wenn ich höchste Höhen erreicht habe, geht es darum, wieder zurückzukommen und sich hier zu manifestieren.

Zehnte Stufe

Das zehnte und letzte Bild des Ochsen, das Einheit wie Zweiheit auslöscht, wird in der Welt **der Eintritt in die**

Stadt mit Segen spendenden Händen genannt. Der erwachte Erleuchtungszustand nimmt hier die Gestalt eines dicken vergnügten Bauern an, der von Dorf zu Dorf wandert – von einer weltlichen Situation in die nächste weltliche Situation. Sein Körper sprüht förmlich über vor Lebenskraft. Sein Wesen ist erfüllt von mitfühlender Liebe. Seine geöffneten Hände bringen seine vollkommene Leere zum Ausdruck. Das Tor seiner Hütte ist verschlossen, und selbst die weisesten Menschen können ihn nicht finden. Er ist über alles hinausgegangen. Hat alles vollständig hinter sich gelassen. Nicht, um sich weiter von den Menschen zu entfernen, sondern um völlig in die Welt des Menschen zurückzukehren. Die weisesten Menschen können ihn nicht finden. Da nicht er es ist, der herumwandert. Sondern einfach die aktive Form der erwachten Erleuchtung. Reines Sein hat Gestalt angenommen und lebt in der Welt. Er geht seinen eigenen Weg. Er macht keinen Versuch mehr, in die Fußstapfen früherer Weisen zu treten. Die erwachte Erleuchtung, die in dieser zehnten Phase zum Ausdruck kommt, ist völlig mit der Erleuchtung aller Buddhas der Vergangenheit, der Gegenwart und der Zukunft identisch. Wer ist da, der irgendjemand folgen sollte? Der Kreis ist geschlossen. Ich habe alles erreicht, was man in diesem Leben, in irgendeinem Leben, in irgendeinem Sein erreichen kann.

In diesem Bewusstsein, als dieses Nichts, kehre ich zurück an meinen Platz. Alles ist scheinbar wie vorher. Ich habe den gleichen Partner. Die gleiche Wohnung. Den gleichen Arbeitsplatz. Nur der, der das alles hat, ist nicht nur ein anderer, er ist niemand mehr. Er ist reines Sein. Unpersönlich. Frei. Er kann jede Gestalt annehmen. Jede Eigenschaft. Das ist der Meister, und das ist Erleuchtung.

In diesem Augenblick sind Sie die Stationen mit mir gegangen. In Wirklichkeit waren es ja nur Stationen der Erinnerung. Sie haben sich wieder an sich erinnert. Sie sind wieder zurückgekehrt zu Ihrer wahren Natur. Als Meister ist es jetzt Ihre Aufgabe zurückzukehren, als diese wahre Natur an Ihren Platz. Diesen Platz in Besitz zu nehmen. Diesen Körper. Diese Persönlichkeit. Die Beziehungen. Ihre Situation – und zu leben.

Die mystische Reise, die Reise des Helden ist zu Ende. Es gibt nichts mehr zu tun. Sie können sich jetzt ganz dem Sein hingeben. Nachdem Sie sich wieder ganz erinnert haben, fängt jetzt das eigentliche Leben an. In völliger Freiheit zu sein als der, der ich bin.

Was kann ich geschehen machen?

Eine Hilfe für Sie zu der Frage: »Was kann ich tun, wie kann ich helfen, damit ...?«

Zunächst einmal, indem ich aufhöre, im Tun zu denken. Wenn Sie im Meisterbewusstsein sind, wenn Sie jenseits der Schwelle sind, hört das Tun auf. Wir müssen also aufhören, an ein Tun zu denken. »Was kann ich tun?« Alles Tun würde stören.

Die Frage lautet also: »Was kann ich geschehen machen?« Als Meister machen Sie nie ein manipulatives Geschehen. Das scheidet von vornherein aus. Sondern wir haben hier nur das Ziel. Die Frage sollte immer lauten: »Wie kann ich helfen?« und nicht, »wie kriege ich die Person dazu, damit ...?«

Indem ich geschehen mache, damit die Person in die richtige Erkenntnis kommt. Dass sie die richtige Chance bekommt. Dass sie die Chance erkennt. Dass es in ihrer Reichweite liegt, diese Chance zu ergreifen. Dass es funktioniert, wenn sie sie ergreift. Das alles kann ich geschehen machen. Dann liegt es an der Person selbst, ob sie es tut.

Von der Persönlichkeit zum Meister

Der Weg von der Persönlichkeit zum Meister, vom Ich zum Selbst, das ist es, worum es hier geht. Der kürzeste Weg ist zu erkennen, dass ich es bin, nämlich der Meister. Es immer sein werde. Es gibt nichts zu tun. Nur zu sein. Sie brauchen sich nur aus der Identifikation der Persönlichkeit zu entlassen. Nicht aus der Persönlichkeit. Nur aus der Illusion der Identifikation. Sie sind nicht die Persönlichkeit. Sie sind pure Bewusstheit. Das wäre der kürzeste Weg.

Wenn Sie den üblichen Weg gehen, dann fangen Sie an, Ihre Persönlichkeit zu vervollkommnen. Sie arbeiten an sich. Das gilt als Zeichen auf dem geistigen Weg zu sein. Wenn Sie an sich arbeiten, verändern Sie sich genau da, wo Sie glauben, nicht in Ordnung zu sein. Sie versuchen die Dinge besser zu machen. Ihre Eigenschaften zu optimieren. Ihr Verhalten.

Damit gehen Sie in die falsche Richtung. Sie gehen in das Urteil, in die Dualität. Weg vom Meister, der Sie sind. Sie arbeiten an Ihrem Kleid. Flicken Ihren Konfirmationsanzug.

Da ist noch ein sehr weitverbreiteter Weg: der Weg der Meditation. Ich suche einen Zustand in mir, wo ich zu Hause bin, der meiner Vorstellung von Meisterschaft entspricht oder nahe kommt. Wenn ich diesen Weg konsequent zu Ende gehe, dann komme ich irgendwann letztlich ins Hier und Jetzt. Jetzt komme ich zu mir selbst, zu Bewusstsein und erkenne, solange ich etwas finden will, entferne ich mich davon.

Eines sollten wir beenden: jede Suche. Vielleicht sollten wir die Betonung auf *jede* legen. Damit Sie nicht sagen: »Dies müsste man doch wenigstens ... Oder das ...« Wenn ich am Ziel bin, ist das das Ende jeder Suche. Das heißt, ich erkenne bestenfalls dadurch, dass kein Weg wirklich ans Ziel führt. Und gelange zu der Erkenntnis, dass ich schon immer am Ziel war.

Und so gesehen führt dann wieder jeder Weg ans Ziel. Das heißt, irgendwann erkennen Sie – wenn Sie den Weg konsequent gegangen sind. Sie können die Wege wählen, die Sie möchten: den Weg des Zen oder den Weg der Meditation, den Weg der Kontemplation, den christlichen Weg, den mohammedanischen Weg, den hinduistischen Weg ... Alle Wege führen ans Ziel, nämlich zu der Erkenntnis, ich hätte mich erst gar nicht auf den Weg zu machen brauchen. Welchen Schritt ich auch tat, welchen Schritt ich auch ging, ich entfernte mich immer mehr von mir. Sobald ich zurückkehre, erkenne ich die Illusion aller Wege. Aber es kann sein, dass ich mich auf den Weg machen musste, um diese Illusion zu erkennen. Wenn ich mich jedoch nicht auf den Weg gemacht hätte, hätte ich vielleicht diese Illusion vermieden. Aber ich hätte auch nicht erkannt, dass ich am Ziel bin.

Der persische Mystiker Rumi hat das bereits im 13. Jahrhundert sehr schön gesagt mit den Worten:

»Ein Leben lang bin ich durch fremde Länder gezogen,
auf der Suche nach Gott. Ohne ihm je zu begegnen.
Jetzt, als ich alt und müde nach Hause zurückkehrte,
da stand Gott vor der Türe meines Herzens,
wo er seit Ewigkeit
auf mich gewartet hat.«

Vielleicht ist das einzige Ziel dieser Reisen, dass ich erkenne, jeder Weg führt mich weg vom Ziel. Denn ich bin die ganze Zeit am Ziel. Dann kann ich mich, so gesehen, auf jeden Weg einlassen. Denn zu dieser Enttäuschung führt jeder Weg.

Für das letzte Stück brauche ich keinen Weg mehr. Denn das letzte Stück von der Bergstation zum Gipfel muss ich alleine gehen. Prüfen Sie einmal, was das bedeutet: »Muss ich alleine gehen.« Wer ist ich und geht allein? Allein heißt, ich lasse meine Erinnerung los. Meine Vergangenheit. Meine Persönlichkeit, meinen Verstand. Mein Ego. Meinen Stolz. Meinen Namen. Meine Rolle. Ich lasse alles los. Und wenn ich alles losgelassen habe, lasse ich das Loslassen los. Wenn ich auch das Loslassen losgelassen habe, lasse ich den los, der all das losgelassen hat. Das ist das Letzte, was ich loslasse. Denn nur als Nichts kann ich eintreten. Kann ich nach Hause zurückkehren.

Dies kann ich schon die ganze Zeit als Meister. Kein Weg ist es, irgendetwas tun zu wollen, um an das Ziel zu kommen. Aber auch Nicht-Tun bringt natürlich nicht ans Ziel. Der Weg des Nichtweges ist zu erkennen. Dass es keinen Weg gibt, weil es keinen Weg braucht. Dann kann ich eine alte Last von Inkarnationen abstreifen wie einen Rucksack, den ich viele Inkarnationen und vielleicht vorher schon als Tier, als Pflanze, als Stein mit mir herumgeschleppt habe: Irgendwann werde ich Gott näherkommen. Vielleicht sogar zur Rechten Gottes sitzen in seiner Herrlichkeit.

Der Weg des Nichtweges ist zu erkennen: Das alles ist unwirklich. Etwas Unwirkliches kann nicht in die Wirklichkeit zurückkehren. Scheinbar entsteht ein Weg durch das Fließen des Seins und die scheinbare Veränderung des ewig Unveränderlichen, das jede Form annehmen kann. Dieser scheinbare Weg ist auch nicht linear, sondern geht vom Mittelpunkt meines Seins aus, und wenn es überhaupt einen Weg gibt, dann ist es der. Ich erkenne meine Mitte und versuche meine Grenze zu erfahren. Ich gehe über jede mögliche Grenze hinaus. Mein Körper. Mein Bewusstsein. Meine Vorstellung. Das Universum. Wenn ich je die Grenze überschritten habe, erkenne ich, es war nie eine Grenze da. Ich war immer grenzenlos.

Ich kann natürlich auch einfach durch die Tür des Augenblicks in die Ewigkeit des Jetzt eintreten und bin am Ziel. Zeit hört auf. Wenn ich am Ziel bin, erkenne ich, ich habe die ganze Zeit an der falschen Stelle gesucht. Das ist das, worüber die Erleuchteten lachen müssen. Wenn sie erkennen, wo habe ich die ganze Zeit Gott oder mein hohes Selbst oder das Ziel gesucht?

Es gibt eine indische Geschichte, die das sehr schön symbolisiert. Die Geschichte von einem Meisterdieb. Er lebte in Lahore, das ein bedeutendes Handelszentrum auch für Diamanten war. Eines Tages sah dieser Meisterdieb einen Mann, der einen perfekten Diamanten kaufte. Auf diesen Diamanten hatte er all die Jahre gewartet. Dieses war der Diamant, den er haben musste. Also folgte der Taschendieb dem Mann, der den Diamanten gekauft hatte. Und als der Mann eine Fahrkarte für den Zug nach Matrah kaufte, kaufte der Taschendieb auch ein Ticket nach Matrah. Er fand eine Gelegenheit, im gleichen Abteil zu sein wie der Mann mit dem Diamanten. Als der Mann auf die Toilette ging, durchsuchte der Taschendieb alles, fand aber den Stein nicht. Als der Mann sich schlafen legte, fuhr der Taschendieb fort, den Diamanten zu suchen. Ohne Erfolg. Schließlich erreichte der Zug Matrah, und der Diamantenhändler stand auf dem Bahnsteig. In diesem Moment kam der Taschendieb auf ihn zu und sagte: »Entschuldigen Sie, mein Herr. Ich bin ein Meistertaschendieb. Ich habe alles versucht. Ohne Erfolg. Sie sind nun an Ihrem Ziel angekommen, und ich werde Sie nicht länger belästigen. Aber ich muss wissen, wo Sie den Diamanten versteckt haben. Wieso habe ich ihn nicht gefunden?« Und der Mann sagte: »Ich sah, wie Sie mich beobachteten, als ich den Diamanten kaufte, und als Sie im Zug auftauchten, wusste ich, dass Sie hinter dem Diamanten her waren. Ich dachte, Sie müssen sehr schlau sein. Ich fragte mich, wo ich den Diamanten verstecken könne, wo Sie niemals suchen würden. Und so habe ich ihn in Ihre Tasche gesteckt.«

Der Diamant, den Sie suchen, ist näher als Ihr Hemd. Näher als Ihr Atem. Sie suchen immer in den Taschen von Buddha. In den Taschen von Gott. Sie bräuchten nur in die eigene Tasche zu assen. Da ist der Diamant die ganze Zeit. Auf die Idee kommt man eben erst, wenn man so weit ist.

Die Schwelle der Zeitlosigkeit

Sie könnten jetzt z. B. eine weitere Schwelle überschreiten. Die Schwelle der Zeitlosigkeit. Sie könnten aus der Zeit austreten. Denn im Jetzt, in diesem Augenblick, gibt es keine Zeit. Jetzt ist Jetzt und Jetzt und Jetzt und immer.

Dann hört Zeit auf, irgendeine Bedeutung zu spielen. Sie treten dann wieder ein in die Zeit. Sie bewegen sich in der Zeit. Aber als ewige zeitlose Existenz. Sie bleiben in der Zeitlosigkeit, während Sie sich in der Zeit bewegen. Zeit ist nämlich ein kleiner Teil der Zeitlosigkeit. In Wirklichkeit ist alles nur Jetzt.

Ich hoffe, Sie haben die letzten Tage dafür genutzt, die zahlreichen Illusionen zu beenden. Oder die vielen naheliegenden Wahrheiten und Wirklichkeiten, die so eine vertraute Form hatten, dass Sie sie bisher nicht erkennen konnten.

Ich denke da z. B. an die Geschichte von der kleinen Welle. Die kleine Welle sah eines Tages auf dem Ozean eine ganz große Welle. Eine große alte Welle, die von weit herkam. Die kleine Welle fragte die große Welle: »Hast du schon einmal den Ozean gesehen?« Die große alte Welle sagte: »Auch ich habe schon viel von diesem Ozean gehört. Aber ich habe ihn noch nie gesehen.«

In dieser Situation sind wir. Wir suchen irgendwo das, von dem wir gehört haben. Wir sind eher noch in der Situation des Fisches, der das Wasser suchte.

Ein Fisch ging allen anderen Fischen auf die Nerven, weil er immer fragte: »Weißt du, wo das Wasser ist?« Und alle antworteten: »Ach, was interessiert uns Wasser. Wo gibt's was zu fressen?«

Eines Tages traf er einen anderen Fisch, der sich auch für diese Frage interessierte. »Ich hab mich auch schon öfter gefragt, wo eigentlich dieses Wasser ist. Man hört so viel davon.« Die beiden beschlossen, zu dem alten weisen Fisch zu schwimmen und ihn zu fragen, wo das Wasser sei. Sie waren tagelang unterwegs, und als sie bei dem alten weisen Fisch ankamen, fragten sie ihn: »Alter weiser Fisch, kannst du uns sagen, wo das Wasser ist?« Der alte weise Fisch antwortete: »Du schwimmst im Wasser. Wasser ist dein Element. Du lebst nur, weil du im Wasser bist. Du atmest durch das Wasser. Du existierst durch das Wasser. Wasser ist überall, wo du bist. Wasser ist deine Welt.« Die beiden bedankten sich bei dem weisen alten Fisch und schwammen nach Hause.

Der eine sagte unterwegs: »Fandest du nicht auch toll, wie er uns das erklärt hat?« »Ja« sagte der andere, »aber weißt du jetzt, wo das Wasser ist?«

Es kann durchaus sein, dass es dem einen oder anderen Leser auch so geht. Sie haben jetzt so viel von Meisterschaft und Bewusstsein gelesen – haben Sie alles verstanden? Ich hoffe, dass Sie selbst verstanden haben.

Der Verstand braucht ein Objekt, um daran festzuhalten. Sobald Sie das Objekt entfernen, kann der Verstand an nichts mehr festhalten, und es geschieht Verstandeslosigkeit, Gedankenlosigkeit. Es ist nichts mehr da, was er bedenken könnte. Jedes Objekt hilft nur dem Verstand, sich daran anzuklammern.

Nicht-Denken ist Freiheit. Gehen Sie so oft wie möglich in diese Gedankenstille. Entweder Sie bleiben im Verstand, oder Sie halten den Verstand an.

Wie man das macht, wiederhole ich noch einmal:

Sie konzentrieren die Vielfalt Ihrer Gedanken auf einen Punkt. Wir denken jetzt einmal nur das, und dann geben Sie dem Verstand nur einen Gedanken, den er denken kann. Dies könnte sein: »Ich beobachte meinen Atem«. Alle anderen Gedanken sollen weg. Alle konzentrieren sich jetzt auf diesen Punkt: »Ich beobachte meinen Atem.« Wenn etwas anderes kommt: »Nein, nicht gucken. Ich beobachte meinen Atem.« Wenn alle Gedanken sich in diesem einen Gedanken vereint haben: »Ich beobachte meinen Atem.« Dann lassen Sie diesen einen Gedanken los. Hören Sie auf, den Atem zu beobachten, kümmern Sie sich nicht mehr um den Atem. Ein Gedanke ist nicht da, und Sie sind in der Gedankenstille. Das ist die eine Möglichkeit.

Die andere Möglichkeit ist: Sie gehen in Ihr Cabriolet, strecken Ihr Bewusstsein in die Unendlichkeit des Raumes hinaus und lassen den Verstand unter sich. Machen Sie es gerade noch einmal. Prüfen Sie, wie weit Sie jetzt noch im Cabriolet sind. Wie weit Ihr Energiekörper aus dem physischen Körper herausragt. Wie weit Sie wirklich in der Freiheit des Bewusstseins sind. Wenn das zu optimieren ist, dann tun Sie es gleich. Jetzt finden Sie Ihren Weg und brauchen nie mehr zurückzugehen. Nie mehr die Schwelle in die andere Richtung zu überschreiten. Sie bleiben dort, wo Sie sind. Denn

wir haben gesagt, eine Meditation, die irgendwann wieder beendet wird, verdient den Namen Meditation nicht.
Jetzt machen Sie etwas, das einen Anfang hat und nie mehr ein Ende. Sie überschreiten Ihren Körper. Überschreiten Ihre Persönlichkeit und bleiben dort. Jenseits der Schwelle. Sie schauen zurück auf die Zeit, als Sie noch meditierten, und erkennen: »Wer hat da meditiert? Es war mein Ego. Meine Persönlichkeit. Um in ein besseres Bewusstsein zu kommen. Vorübergehend.« Wie lange haben Sie meditiert? Ein halbe Stunde? Eine Stunde? Zehn Minuten? Nach dem Motto: So, das haben wir jetzt auch wieder. Jetzt kann ich mich dem Wichtigen zuwenden. Dem Bedeutungslosen.

Jetzt treten wir also ein in eine Meditation, die nie mehr endet. Machen Sie sich bewusst, dass wir hier im Supermarkt der Materie sind. Wir schauen uns all die interessanten Dinge an. Wir nehmen uns das eine oder andere. An der Kasse müssen wir natürlich den Preis bezahlen. Wir machen uns bewusst, was wir uns da einhandeln: Probleme, Schwierigkeiten, Krankheit, Leid, Begrenzung, Mangel.

Wir können uns die Frage stellen: »Wie lange wollen wir uns das noch einhandeln?« Oder haben wir genug eingekauft? Oder erkennen wir, dass wir all das nicht mehr brauchen, und stellen es ins Regal zurück? Dann müssen wir an der Kasse nichts bezahlen. Wenn Sie etwas mitnehmen und an der Kasse bezahlen, müssen Sie es nach Hause schleppen. Zu Hause können Sie nichts damit anfangen. Sie lassen es unterwegs sowieso irgendwo stehen.

Die Vollkommenheit des Unvollkommenen

Wenn Ihnen auf diesem Weg wieder einmal ein Wunsch begegnet, dann schauen Sie sich diesen einmal ganz interessiert an. Fragen Sie: »Wo kommst du her? Was willst du?« Denn ein Wunsch zeigt immer nur, dass Sie nicht Sie selbst sind. Also machen Sie gerade etwas falsch. Ein Wunsch zeigt, dass Sie im Mangel sind.

Das Selbst kennt keinen Mangel. Also fehlt Ihnen etwas. Das, was Ihnen fehlt, ist nie das, was der Wunsch Ihnen zeigt. Denn wenn Sie das bekommen, was der Wunsch beinhaltet, sind Sie nicht erfüllt. Was Ihnen fehlt, sind immer Sie selbst. Ganz gleich, was Sie sich wünschen: Mehr Geld. Gesundheit. Jugend. Anerkennung. Liebe. Macht. Reichtum. Was Sie wirklich suchen, ist: sich selbst.

Und solange Sie suchen, können Sie nicht finden. Es ist eigentlich ganz einfach.

Wir könnten das gesamte Wissen, das die Menschheit erworben hat, in einem Satz zusammenfassen. Sie bräuchten dann nie mehr ein Seminar zu besuchen oder ein Buch zu lesen.

> »Du bist der Schöpfer,
> und alles ist möglich.«

Das ist alles. Mehr ist nicht zu sagen. Das andere sind nur Ausschmückungen. Sie kosten nur Zeit und Geld. Das ist die Substanz aller Aussagen.

Ich bin im Besitz allen Wissens. Ich bin allwissend. Aber ich kann mich nicht mehr an alles erinnern. Also lese ich ein Buch. Führe ein Gespräch. Besuche einen Lehrgang, um mich wieder an einen Teil dessen, was ich weiß, zu erinnern. Dieses Wissen wieder in Besitz zu nehmen, damit ich es greifbar habe. Das ist alles.

Sie erfahren nie etwas Neues. Keiner hat durch diesen Lehrgang etwas gelernt oder etwas Neues erfahren. Das alles wussten Sie schon. Sie haben sich nur wieder erinnert. Das ist der Sinn, sich vorzubereiten. Zu lesen. Zu sammeln. Sich wieder zu erinnern. Dieses Sich-Erinnern, das ist Sinn und Gegenstand der Evolution. Wir haben uns erst ent-innert. Damit das Spiel des Lebens möglich war, haben wir unsere Vollkommenheit vergessen. Sonst hätte Leben nicht losgehen können.

Als die Involution abgeschlossen war, konnten wir beginnen, uns zu erfahren, indem wir uns Schritt für Schritt erinnerten. Das ist das Geschenk. Wenn ich vollkommen bin, allmächtig, allgegenwärtig, was soll ich damit anfangen? Ich kann ja nichts tun. Es ist die Ohnmacht der Allmacht. Was wollen Sie noch tun, wenn sowie alles klappt und Sie bereits vorher wissen, wie es ausgeht? Es gibt nichts zu tun.

Leben ist nicht möglich. Leben in der Vollkommenheit geht nicht. Wenn ich Vollkommenheit erlebbar machen will – und das ist der Sinn im Spiel des Lebens –, dann muss ich in die Unvollkommenheit gehen. Dann erkenne ich die Vollkommenheit des Unvollkommenen. Im Unvollkommenen gibt es Alternativen, Freiheiten, Möglichkeiten. Da kann man sich entdecken. Da kann man sich erfahren. Da kann man Macht einsetzen und wieder zurücknehmen. Bewusstsein entwickeln und überschreiten. Plötzlich ist alles möglich.

Wir erkennen: Die Vollkommenheit ist unvollkommen. Aus diesem Grund sind wir am Anfang aus der Vollkommenheit über die Involution in die Unvollkommenheit gegangen. Wir haben uns das Geschenk gemacht, uns Schritt für Schritt wieder zu erinnern. Zu erleben. Zu erkennen. In Besitz zu nehmen. Zu spüren. Uns daran zu erfreuen.

Hier und jetzt sind wir schon so weit, dass das Ziel in Sicht ist. Wir erkennen, dass Start und Ziel identisch sind. Und wir halten uns von jeher für vollkommen. Doch an dieser Stelle sollten Sie nicht den Rest der Erinnerung abschließen, an das Ziel gelangen und wieder in der Falle der Vollkommenheit sitzen. Nein, Sie sollten den Weg genießen. Sie wissen jetzt, wer Sie sind. Was Sie sind. Mit dieser Erkenntnis, mit diesem Erleben, mit dieser Erfahrung gehen Sie jetzt in Ihren Körper. In die Persönlichkeit. In die Rolle. In die Beziehung. Zur Arbeit. Nehmen am Straßenverkehr teil.

Sie können ein Schild anbringen: »Ein Gott unterwegs!« Genießen Sie jetzt die Vollkommenheit der Unvollkommenheit. Machen Sie es genau wie der Mann, der Gott suchte. Nicht gleich alles erinnern. Langsam. Ganz behutsam. Jedes Stück genießen. Wenn Sie eine Schachtel Pralinen kaufen, schlingen Sie die Pralinen auch nicht in sich hinein, sondern Sie nehmen eine nach der anderen. Sogar nur ein Stück – und genießen das. Die Schachtel gehört Ihnen sowieso. Es ist alles Ihres.

Die Vollkommenheit ist Ihr geistiges Erbe. Das kann Ihnen keiner nehmen. Sie brauchen nicht zu raffen. Sich nicht darauf zu stürzen. Nicht zu verteidigen. Das sind Sie. Jetzt entscheiden Sie, welche Praline Sie zuerst nehmen wollen. Ob Sie diesen Aspekt Ihres Seins, Ihrer Vollkommenheit, zuerst erinnern wollen oder einen anderen. Vielleicht wollen Sie auch auf beiden Backen gleichzeitig kauen. Oder wollen Sie eine Pause machen? Vielleicht haben Sie aber jetzt erst einmal genug erkannt und wollen etwas genießen.

Sie sind am Ziel. Jetzt können Sie anfangen herumzuspielen. Jetzt kann ja nichts mehr passieren. Sie haben alles erreicht. Jetzt kehren Sie als dieses Nichts in Ihre Situation zurück. Als allmächtiger Gott. Der das universelle Prinzip der spirituellen Manifestation beherrscht. Der sogar Dinge wandeln kann, die schiefgelaufen sind.

Vielleicht geraten Sie doch wieder einmal in die Falle des Tuns. Aber auch das gehört zum Spiel. Sobald Sie es merken, erkennen Sie, dass das unwichtig war. Dann tappen Sie nicht mehr in diese Falle, sondern lassen geschehen und machen geschehen, was geschehen soll.

Wenn Sie wieder einmal denken, dass Sie eigentlich noch nicht erleuchtet sind, dann halten Sie einmal inne und prüfen, wer das gerade sagt. Das ist doch Ihre Persönlichkeit, und die hat absolut recht. Die ist nicht erleuchtet, und sie hat auch keine Chance, es je zu werden.

Sie sind aber nicht die Persönlichkeit. Das ist nur ein eingebildetes Zentrum. Eine Illusion. Eine Illusion kann nicht mitgenommen werden in die Erleuchtung. Sie selbst waren immer erleuchtet. Sind erleuchtet.

Wenn Sie wirklich frei sein wollen, dann weisen Sie einfach alles zurück. Das Wissen. Erkenntnisse. Eine Glaubensgemeinschaft. Glaubenssätze. Ihre Religion. Ihre Philosophie. Alle Lehren. Alle Bücher. Alle Lehrgänge. Alle Gespräche. Dann sind Sie am Ziel.

All das, was Leben bisher ausgemacht hat, ist vorbei. Streben nach etwas. Nach was wollen Sie streben? Kämpfen müssen, etwas erreichen wollen, sich durchsetzen, an sich arbeiten, um vorwärtszukommen. All das können Sie vergessen.

Das eigentliche Leben beginnt

Aber was ist jetzt der Inhalt des Lebens? Die Vielfalt so vielfältig wie möglich auszudrücken. Wir können es auch kürzer sagen: »Der Sinn des Lebens ist zu leben.« Das, was für Sie Leben bedeutet. Sie können sagen: »Ich habe alles erreicht. Ich bin am Ziel. Jetzt habe ich frei. Jetzt habe ich frei, um für mich zu leben.«

Jetzt kann ich definieren, was Leben für mich bedeutet. Was ist für mich der schönste erfüllendste Ausdruck von

Leben? Wenn wir Therapeuten sind und heilen wollen. In diesem Bewusstsein müssen wir zuerst einmal erkennen – es war noch nie einer krank. Es war noch nie einer da, der heilen kann. Es ist keiner da, der Hilfe braucht. Hilfe kann nicht gegeben werden. Nichts hat je existiert.

Aber als Spiel ist das alles ganz wunderbar. Lassen Sie uns Patient und Therapeut spielen. »Ich bin der Patient, du bist der Therapeut.« Oder machen wir es umgekehrt? Es ist ja egal. Welche Krankheit soll ich haben? Ich brauche jetzt mal ganz dringend Hilfe. Als Therapeut lese ich schlaue Bücher. Kenne alle lateinischen Fachausdrücke für die Krankheiten. Kann dem anderen sagen, was er hat. Dann ist er froh.

Dann kommt er vielleicht zu seinem Freund, der Arzt ist, und sagt: »Hör mal, kannst du mich untersuchen? Irgendwie klappt alles nicht mehr so richtig.« Der Arzt untersucht ihn gründlich und sagt: »Du frisst und säufst zu viel.« »Na ja« sagt er, »das habe ich mir schon gedacht. Kannst du mir das jetzt noch auf Lateinisch sagen, damit ich das meiner Frau erklären kann?«

Wenn es geschieht, wenn es meine Aufgabe ist, wenn die Wirklichkeit so durch mich wirkt – wunderbar. Dann kann ich jede Aufgabe annehmen, die die Wirklichkeit durch mich verwirklichen will. Ich habe keine Freiheit mehr. Höchstens die Freiheit zu sagen: »Nein, mag ich nicht.« Und schon bin ich draußen. Das ist ein hoher Preis. Also werde ich das nicht tun.

Aber vielleicht sind da ganz viele, und ich könnte denen

helfen. Ich bräuchte sie nur anzustubsen, und sie wären erinnert. Wären wach. Ich werde es nicht tun, wenn ich nicht spüre, dass die Wirklichkeit das jetzt verlangt, dass es jetzt geschieht.

Sie haben wirklich frei. Sie gehen durch die Welt, und Sie sind ein Segen. Sie gehen als Segen durch die Welt, weil Sie genau das tun, was die Welt an dem Platz, an dem Sie gerade stehen, in diesem Augenblick braucht. Sie tun das, was stimmt. Sie gehen von einem Stimmigsein ins nächste. Sie können alles genießen. Alles!

Sie können sogar Ihren Tod genießen. Denn Sie wissen, auch der Tod ist Illusion. Es ist ein Spiel. Es ist ein Teil des Spiels. Es ist noch nie jemand gestorben. Es wird nie jemand sterben. Jemand verlässt seinen Körper. Aber da er sich nicht erinnert, ist er bange. Er weiß nicht, was auf ihn zukommt. Wird das weh tun, und gibt es mich dann noch? Was muss ich denn im Jenseits tun? Wo gibt es einen Stadtplan vom Jenseits zu kaufen? Eine Gebrauchsanweisung fürs Jenseits? Ich lese im tibetanischem Totenbuch und im ägyptischen Totenbuch. Das ist alles in einer Sprache, die ich nicht richtig verstehe. Die alten Weisen haben die Weisheit nicht verstecken wollen. Sie haben erkannt, dass jedes Wort eine Begrenzung ist. Wenn ich also Weisheit in Worte fassen will, begrenze ich sie dadurch, dass ich versuche, sie zu formulieren. Ich muss sie so weit mit Worten fassen, dass ich sie möglichst wenig begrenze.

Wenn ich sie aber so weit fasse mit Worten, dann ist das so allgemein, dass der Verstand damit nichts anfangen kann. Er findet die Information nicht mehr darin. Er bittet: »Sag mir doch genau, was ich tun soll!« Da sagen die Weisen: »Es ist niemand da, der dir sagen kann, was du tun sollst. Mach dich auf den Weg und finde es heraus. Aber solange du suchst, was du tun sollst, wirst du es nicht finden. Aber wenn du dich nicht auf den Weg machst, findest du es auch nicht.«

So, und jetzt? Was ist jetzt zu tun? Aber er hat eine vollkommene Antwort gegeben. Er hat Ihnen genau das gesagt, um Sie nicht zu begrenzen. Es passiert noch etwas. Sie werden sich bei Erklärungen erwischen, dass Sie das genauso machen wie die Weisen.

Um die Dinge nicht zu begrenzen, werden Sie die Dinge wirklich umfassend sagen. Der andere wird Sie verwirrt ansehen und wird sagen: »Was bedeutet das jetzt?« – oder: »Was muss ich denn jetzt tun?« Sie werden sich hüten, das präziser zu sagen, weil das das Präziseste ist. Je genauer Sie werden, desto unstimmiger wird es. Desto begrenzter wird es.

Es ist niemand da, der mir irgendetwas vorschreibt, was ich tun soll. Die weisen Alten durften begrenzend sprechen. Sie versuchten nur, möglichst umfassend Auskunft zu geben. Wenn Sie aber jetzt umfassend Auskunft geben und der andere ist nicht in dem Bewusstsein, das zu verstehen, sondern wird dadurch nur verwirrt, dann können Sie ihm durchaus eine Auskunft geben, die auf seiner Ebene verständlich ist. Wohl wissend, dass sie begrenzt ist.

Für jede Situation die richtigen Worte

Sobald der andere »erwacht«, muss ich vielleicht das Gegenteil von dem erzählen, was ich ihm geraten habe. Ein einfaches Beispiel:

> *Jemand kommt zu Ihnen. Er hat eine Krankheit, und Sie erkennen, was los ist. Sie haben die richtige Diagnose gestellt und geben ihm das passende Medikament. Das Medikament ist eine konzentrierte Energie, die jetzt etwas bewirkt. Der Patient sitzt noch einen Moment da und wartet auf seinen Freund.*
> *Dieser sucht Sie auf mit einem Problem, und Sie sagen ihm: »Nimm niemals ein Medikament.« Er antwortet: »Moment. Sie haben doch gerade eben eines verschrieben.« Sie antworten: »Das war das Heilmittel für den Freund, das Medikament für Sie heißt: Nichts tun!« Mit dem Satz »Nimm nie ein Medikament« haben Sie ihm die Chance geboten, eine Frage zu stellen. Damit hat er Ihnen wiederum die Chance gegeben, die richtige Antwort zu sagen: Nichts tun. Was denn sonst?*

Dann wird die Spirale umfassender. Doch müssen Sie den Kreis so eng halten, dass der andere ihn noch begreifen kann. Sonst merkt er nicht mehr, was geschieht.

Das erinnert mich wieder an die Geschichte von Buddha, der mit einem Schüler durch ein Dorf ging.

Da kam einer und sagte: »Ich glaube nicht an Gott. Gibt es einen?« Buddha sagte: »Natürlich gibt es Gott. Es gibt nichts außer Gott. Gott ist die einzige Wirklichkeit. Verfehlst du ihn, war dein Leben umsonst.« Der Mann war erschüttert. Da kam ein anderer Mann und sagte: »Ich glaube an Gott. Gott ist mein ganzer Halt. Gott ist mein Ziel. Das Zentrum meines Denkens. Der Sinn meines Lebens.« Buddha sagte: »Es gibt keinen Gott. Es hat noch nie einen Gott gegeben. Es gibt nichts. Vergiss es.« Der Schüler ging damit um, und am Abend sagte er zu Buddha: »Ich bin ganz verwirrt. Dem einen hast du gesagt: ›Es gibt Gott.‹ Dem anderen hast du gesagt: ›Gott gibt es nicht.‹ Was gibt es denn jetzt?« Buddha sagte: »Keine der beiden Antworten war für dich. Da du sie aber gehört hast, waren sie beide für dich, und sie zwingen dich jetzt, deine eigene Antwort zu finden.«

Eine andere Geschichte.

Da war ein Rabbi, ein Weiser, der wurde Richter, weil er so weise war. Seine erste Gerichtsverhandlung verlief folgendermaßen: Zuerst durfte der Kläger sprechen. Der schilderte die Situation, und der Rabbi sagte: »Du hast Recht.« Danach kam der Beklagte und schilderte seine Situation, und der Rabbi sagte: »Du hast Recht.« »Moment« sagte der Kläger, »das geht nicht. Eben haben Sie gesagt, ich habe Recht, und jetzt sagen Sie, der andere hat Recht.« »Ja, sagte der Rabbi, jetzt haben Sie wieder Recht.«

Darin sind wir, wie so oft, im **Paradox der Schöpfung.** Wir werden erkennen, dass das, was auf einer Ebene das einzig Richtige ist, auf der nächsten Ebene genau das Falsche bedeutet.

Ein weiteres Beispiel: Jemand ist krank, und man schickt ihn zu einem Arzt. Oder ins Krankenhaus. Das ist auf der einen Ebene lebensrettend. Absolut notwendig. Vielleicht gehen Sie auch durch das Land, und jemand geht mit Ihnen, und Sie sagen einem anderen: »Gehe niemals zu einem Arzt.« Denn Sie wissen, wenn derjenige zum Arzt geht, dann wird sein Symptom kuriert, und er wird nicht gezwungen, seine Hausaufgaben zu machen. Wenn er schon so weit ist, dass er das begreifen kann, dann wäre es ein Fehler, ihn zum Arzt zu schicken. Dann muss er sich damit auseinandersetzen. Muss die Ursache finden. Dann kann er entscheiden: »Jetzt gehe ich zum Arzt und lasse mir die Zusammenhänge erklären, damit ich als mündiger Patient das Richtige tun kann. Ich treffe die Entscheidung.«

In der nächsthöheren Ebene kommt wieder jemand und sagt: »Ich bin krank, ich brauche Hilfe.« Und Sie sprechen nicht vom Arzt, sondern sagen: »Wer ist da, der Hilfe braucht? Und wer ist krank? Welche Krankheit glaubst du zu haben?« Wenn jemand zu mir kommt und etwas fragt, erwartet er eine Antwort, die er versteht. Ich kann jetzt auf die Ebene eingehen, auf der er fragt. Ich kann aber als Meister auch erkennen, ob ich ihm die Antwort auf der nächsten Ebene geben kann. Weil ich ihn damit zu der nächsten Ebene erhebe. Möglicherweise. Ich habe jetzt also eine Chance.

Das ist wieder eine wichtige Lektion, die wir lernen können: auf dumme Fragen kluge Antworten zu geben. Also auf Wasserfragen Champagnerantworten zu geben. Der andere erhält eine Antwort, die notwendige oder gewünschte Information. Gleichzeitig wird er aber über sich hinausgehoben. Nicht zu hoch. Wenn Sie dem anderen sagen: »Du glaubst an Gott? Es gibt keinen Gott. Es gibt nichts. Du bist nichts,« dann haben Sie ihm nicht geholfen. Er nimmt Sie nicht mehr ernst. Als Meister muss man einschätzen, wo der andere steht und was er braucht.

Als Meister kann ich z. B. erkennen, dass der andere eine Frage stellt und sie gar nicht beantwortet haben möchte. Er will nur auf irgendeiner Ebene an sich erinnert werden. Wenn ich jetzt auf seine Frage eingehe, auf sein Problem, dann ist der andere enttäuscht. Ich kann die Frage noch so perfekt beantworten. Er wollte etwas ganz anderes. Er wollte an sich erinnert werden, aber nicht zu hoch. Nicht gleich an das Nichts.

Wenn er gläubig ist und ich ihm sage: »Du bist Gott«, dann kann er das nicht annehmen. Es wäre anmaßend. Überheblich. Gotteslästerung. Also muss ich es ihm eine Nummer kleiner sagen: »Du bist du selbst.« Das ist zwar das Gleiche wie Gott und Nichts, aber das kann er akzeptieren. Ich bin ich selbst. Das hat er verstanden.

Dann können Sie versuchen, noch eine Stufe höher zu gehen. »Wer bist du selbst?« Dann fängt er an, sich mit sich auseinanderzusetzen. Möglicherweise. Vielleicht sagt er auch: »Gott?« Meine Antwort wäre: »Das hast du gesagt.«

Sie finden einfach als Meister in jeder Situation die richtigen Worte. Sie wissen jetzt, dass der geistige Weg nicht ans Ziel führt – zumindest so, wie er derzeit verstanden wird mit Meditation, Übung, Bemühungen.

Solange noch Erleuchtung das Ziel ist, kann es nicht erreicht werden, weil da jemand ist, der Erleuchtung erlangen möchte. Buddha erreichte das Ziel, indem er alle Traditionen verwarf. Irgendwann führte das Verwerfen von Tradition wieder zu einer neuen Tradition. Das hatten wir in der Sechziger-Generation. Alle alten Werte wurden über Bord geworfen. Der Muff von tausend Jahren aus den Talaren, oder so ähnlich. Da wird das Verwerfen einer Tradition wieder zu einer neuen Tradition. Zu einer neuen Institution und damit auch nicht mehr praktikabel. Man kann alles zum Objekt machen. Man kann auch das Nichts zum Objekt machen. Man kann auch die Zeitlosigkeit und die Nicht-Zeit zum Objekt machen. Man kann auch das Jetzt zum Objekt machen.

Die Evolution der sieben Körper

Wir müssen einfach einmal die Dualität aus unserem Denken entfernen. Dann beginnt die individuelle Evolution. Sei bereit der Wahrheit zu begegnen. Du findest sie in dir, und alles wird sich ändern, sobald du bereit bist!

1. Der physische Körper

Die individuelle Evolution beginnt beim Körper. Lernen Sie also zunächst einmal Ihren Körper wirklich kennen. Nehmen sie ihn ganz in Besitz. Denn er ist Ihr wichtigstes Werkzeug auf der Reise durch die Materie. Spüren Sie seine Energien. Lauschen Sie nach innen. Lernen Sie seine Bedürfnisse kennen. Lernen Sie Ihren Körper wirklich wahrzunehmen. Spüren Sie einmal, welch wunderbaren Körper Sie haben. Worauf es hier ankommt, ist, dass Sie Ihren Körper von innen erfahren. Dann gehört er auf unteilbare Weise zu Ihnen. Nur Sie, nur Sie sind in der Lage Ihren Körper von innen zu erleben. Dann öffnet sich eine Tür, die bisher gar nicht sichtbar war. Sobald Sie Ihren Körper von innen in Besitz genommen haben und ihn wahrnehmen können, beginnen Sie ihn zu heilen.

Bitte immer gleich die Übung vollziehen. Lassen Sie einfach in Ihrem Körper Heilung geschehen. Dazu verbinden Sie die Erdkraft mit der kosmischen Kraft zu einer Kraft, die heilt, und lassen von da an Heilung ständig geschehen. Sie spüren von innen, dass Heilung wirklich geschieht. Sie spüren, wie sich Energien bewegen. Wie Schmerz verschwindet. Wie Wohlgefühl und Vitalität sich einstellen. Sie erleben, dass es in Ihrer Hand liegt, in einem gesunden Körper zu wohnen. Sobald Sie in die Punktzeit gehen und damit in die Zeitlosigkeit, wird Ihr Körper alterslos. Aber natürlich nur, solange Sie in der Zeitlosigkeit sind. Wenn

Sie in der Zeitlosigkeit bleiben, kann Ihr Körper nicht altern. Sie können das jederzeit tun.

2. Der Ätherkörper

Sobald Sie Ihren physischen Körper wirklich in Besitz genommen haben, ihn geheilt haben und ihn geheilt halten können, beginnen Sie Ihren zweiten Körper wahrzunehmen. Es ist Ihr Ätherkörper. Er ist wie dichter Rauch und hat die gleiche Form wie Ihr physischer Körper. Nur von innen können Sie in den zweiten Körper umsteigen. Von außen kommen Sie nicht heran. Erst den physischen Körper in Besitz nehmen, dann den physischen Körper überschreiten, also den physischen Körper von innen nach außen fühlen. Dann sind Sie innen, in Ihrem Ätherkörper.

Hier liegen die energetischen Ursachen fast aller Krankheiten. Von hier aus können Sie unmittelbar heilen. Hier geschieht Heilung sofort. Denn Sie sind nicht mehr in der Trägheit der Materie. Hier kann alles sofort wirken. Von außen ist das Ihre Aura. Von innen sind das Ihre Körper. In Ihrem Ätherkörper entsteht Wohlgefühl. Gelassenheit. Auch Träume bewegen Ihren Ätherleib. Ihr Gemütszustand entsteht hier. Die meisten Träume sind ätherische Träume. Spannungen im Ätherleib, wir würden sagen, Krankheiten, Disharmonien werden über Träume abgebaut. Vor allem unerfüllte Wünsche erzeugen Spannungen im Ätherleib. Auch der Ätherleib hat seine eigenen Bedürfnisse. Seinen Hunger. Seine eigene Nahrung. Er braucht Liebe. Er braucht Liebe, die Sie geben. Sie ernähren Ihren Ätherleib, indem Sie Liebe geben. Sobald Sie bedingungslos lieben, ist Ihr Ätherleib in Harmonie. Sobald Sie aber Erwartungen an die Liebe haben, entsteht Spannung – und sei es nur, geliebt zu werden.

Eine dieser Erwartungen kann sein, einen Menschen ewig zu lieben, weil Sie es versprochen haben im Angesicht Gottes. Vor dem Altar in der Kirche. »Ich will dir treu sein, bis dass der Tod uns scheidet«. Vielleicht geht es Ihnen so wie dem Mann, der sagte: »Als ich meiner Frau die ewige Treue schwor, wog sie einen Zentner. Jetzt wiegt sie zwei Zentner. Muss ich dem anderen Zentner auch die Treue halten?«

Sobald ich eine Bedingung an die Liebe binde, hört Liebe auf. Entsteht Spannung im Ätherleib. Je mehr Sie sich zwingen eine Bedingung aufrechtzuerhalten, desto mehr Spannungen erzeugen Sie im Ätherleib und schaffen damit Ursachen für Krankheiten.

3. Der Astralkörper

Aus diesem Ätherleib kommen Sie leicht in Ihren Astralkörper. Der Wunsch genügt, und Sie sind drin. Aber nur vom Ätherkörper aus. Der Astralkörper hat die gleiche Größe und Form wie die beiden anderen Körper. Ihr Astralkörper enthält alle emotionalen Sehnsüchte, Begierden, und er ist daher der verspannteste Körper. Jedes Begehren erzeugt Spannung. Manche Menschen begehren sogar ganz intensiv Wunschlosigkeit. Weil Sie eben diesen Wunsch haben, erzeugt dies wieder Spannung. Sobald Sie sich als Schöpfer erkennen und damit die Erfüllung aller Wünsche in Reichweite liegt, kommt der Astralkörper zur Ruhe.

4. Der Mentalkörper

Erst dann können Sie in Ihren vierten Körper gehen. In Ihren Mentalkörper. Der Mentalkörper wird durch Gedanken bewegt. Alle Spannungen im vierten Körper, im Mentalkörper, entstehen durch Ihre Gedanken. Ohne Gedanken ist Wohlbefinden im Körper. Diese Spannungen treten als Verwirrung in Erscheinung. Sobald Sie aber alle Gedanken einfach geschehen lassen, ohne über die Gedanken nachzudenken, verschwindet Spannung. Sie können es ausprobieren, indem Sie Gedanken einfach geschehen lassen. Greifen Sie die Gedanken nicht auf. Denken Sie nicht über die Gedanken nach. Aufatmen, Entspannung im Mentalkörper. Lassen Sie Ihr Denken einfach geschehen, ohne eine Wahl zu treffen, ohne zu urteilen – und Spannung verschwindet. Vom Mentalkörper aus weiterzugehen ist sehr schwer. Denn hier beginnt der übermenschliche Bereich. Wenn wir uns auf das Denken einlassen, verlieren wir unsere wahre Identität und identifizieren uns mit dem Verstand. Das ist die Hauptschwierigkeit im Mentalkörper. Die Identifikation mit dem Intellekt. Selbstbewusstsein entsteht durch Lösung der Identifikation mit dem Intellekt. Erst dann kann man sich selbst erkennen.

5. Der spirituelle Körper

Wenn man diese Barriere überschreiten kann, erreicht man den fünften oder spirituellen Körper. Hier geht es um Selbsterkenntnis. Wenn man das Selbst nicht kennt, kennt man überhaupt nichts. Wissen kann man sich aneignen. Erkenntnis muss von innen kommen. Aus der eigenen Mitte. Wissen kann man übertragen. Erkenntnis ist individuell.

Lassen Sie sich also nicht durch Wissen von Erkenntnissen abhalten. Im fünften Körper erkennen Sie, dass Sie nicht *ein* Ego haben. Sondern viele. Sie haben ein mentales Ego. Ein emotionales Ego und ein physisches Ego. Sie haben sogar ein spirituelles Ego. Bevor Sie weitergehen können, müssen alle Egos aufgelöst werden können. Der fünfte Körper ist der Höhepunkt des menschlich Möglichen. Die Vollendung der Individualität. Bis zum fünften Körper konnte man etwas tun. Nun müssen Sie sich von jeder Methode lösen. Die meisten Sucher, wenn sie denn so weit kommen, bleiben im fünften Körper. Sie kommen nur weiter, wenn Sie alles losgelassen haben und niemand mehr sind. Kein Jemand kann den fünften Körper überschreiten.

6. Der kosmische Körper

Der sechste Körper ist der kosmische Körper.

Jesus sagte:

> »Wer sich verliert,
> der wird sich finden.«

Dies gilt speziell für den Übergang vom fünften zum sechsten Körper. In diesem sechsten Körper erfahren Sie sich als kosmische Nicht-Individualität. Als nie getrennter Teil reiner Existenz. Es ist das Wir-Bewusstsein. Der Tropfen wird zum Ozean.

7. Der Nirwana-Körper

Der siebte Körper ist der Nirwana-Körper. Sobald der sechste Körper sich vollendet hat, geschieht der Übergang zum siebten Körper. Der sechste war der kosmische Körper. »Ich bin Alles.« Der siebte Körper ist die Leere. »Ich bin Nichts. Ich war Nichts. Ich bin das Nichts, das alles ist. Aus dem alles hervorgegangen ist.«

Zwischen dem sechsten und dem siebten Körper gibt es keine Verbindung. Man kann nicht von dem sechsten in den siebten Körper gehen. Der eine verschwindet, und man befindet sich im anderen. Es gibt keinen Zusammenhang. Es gibt kein »etwas« mehr und keinen »jemand«. Es ist niemand mehr im siebten Körper. Er ist die Quelle. Wer sagt, er kenne diesen Körper, der war nie dort. Im sechsten Körper ist der Suchende sich selbst verloren gegangen. (Wir denken noch einmal an die zehn Bilder vom Ochsen.) Aber noch nicht sein Sein. Das Sein gibt es noch. Erst im siebten hört das Sein auf zum Nicht-Sein. Da ist wieder nichts. Die Leere. Nirwana. Wie immer Sie es nennen.

Denn selbst das Kosmische ist nicht allumfassend, weil es jenseits davon Nicht-Existenz gibt. Daher ist selbst Gott nicht das Totale. Gott ist ein Teil. Nicht das Ganze. Gott bedeutet Licht, nicht Dunkelheit. Gott bedeutet Leben, nicht Tod. Gott ist nicht Nicht-Sein. Gott ist. Gott ist Sein. Das Totale, das Ganze ist das Nichts. Wenn ich es im Inneren durch die Information wiedergefunden habe, wenn ich mich wiedererkannt habe als Nichts, dann bin ich Meister. Dann bin ich bereit, wieder als Jemand ins Etwas zu gehen. Bleibe aber doch Nichts. Ich trete in Erscheinung als Jemand. Gehe in die Illusion des Etwas, weiß aber, da läuft ein Film. In Wirklichkeit ist da nur eine leere Leinwand. Ich gehe in den Film der Schöpfung. Für die Leinwand ist es ohne Bedeutung, ob Menschen abgeschlachtet oder erleuchtet werden. Es tut der Leinwand nicht weh. Wenn der Film zu Ende ist, ist die Leinwand wieder leer. So wie zuvor. Dann erkenne ich – es gibt nicht Gut und Böse, hat es nie gegeben, es gibt nur so und so. Mit dieser Erinnerung bin ich wirklich für das Leben bereit. Denn jetzt kann mich nichts mehr bedrücken. Nichts mehr belasten. Nichts mehr Stress verursachen. Schmerz bereiten. Mitleid. Alle diese Dinge lösen sich auf im Nichts.

Jetzt wo es kein Etwas mehr gibt und kein Jemand, liegt also Illusion, Zukunft wie ein leeres Blatt vor uns und wartet darauf, was wir eintragen. Entweder wir machen Eintragungen aus dem Verstand. Aus der Persönlichkeit. Aus dem Ich oder aus dem Selbst, dem wahren Sein. Oder wir hören auf, Eintragungen zu machen. Gehen heim ins Nichts. Denn dieses Nichts ist die einzige Wirklichkeit. In Wirklichkeit gibt es keine Verdienste. Keine Schuld. Kein Gebundensein. Keine Befreiung. Keine Erleuchtung. Keine Suche nach Erleuchtung. Es hat nie irgendetwas gegeben. Es ist alles nur ein Film. Diesen Film kann man sehr leicht zusammenfassen zu den sieben Stufen.

Die Reise des SELBST durch die sieben Stufen

Der Film beginnt in der ersten Stufe, wenn ich irgendwann lese, höre, erfahre, wer ich wirklich bin. Ich glaube das und weiß jetzt, wer ich bin.

In der zweiten Stufe – auf dem Weg zu mir selbst – komme ich mental in Berührung mit mir selbst. Durch Meditation. Durch Bewusstseinstraining. Das klärt mein mentales Bewusstsein. Lässt meinen Mentalkörper stimmig werden. Das beginnt auch auf meinen physischen Körper zu wirken. Aber nur, solange ich in Kontakt bleibe. In Berührung mit mir selbst.

In der dritten Stufe gehe ich dann ins Selbst. Ich bin ganz im Selbst, aber als Ich. Das wirkt auf mich auf allen Ebenen des Seins, aber nur, solange ich im Selbst bin.

In der vierten Stufe erinnere ich mich an den, der ich wirklich bin. Ich erinnere mich wieder. Transformation geschieht. Ich identifiziere mich mit mir selbst. Bin eins mit mir und der Welt. Gehe ich dabei tiefer, oder bleibe ich länger, erlebe ich Erleuchtung. Diese kann wieder vergehen, sich aber auch wiederholen. Ich kann diesen Zustand aber noch nicht lange halten. Was bleibt, ist die Erinnerung an Berührung mit dem Ewigen. Allmählich lerne ich, jederzeit wieder in dieses Bewusstsein hineinzugehen. Intuition geschieht ständig.

In der fünften Stufe kann ich jederzeit in die Erleuchtung gehen. Kann mich an alles Wissen erinnern. Kann meinen Körper oder andere mit der einen Kraft heilen. Rutsche aber immer wieder unmerklich aus der Einheit. Ich bin erleuchtet, aber nicht vollendet.

In der sechsten Stufe lasse ich das Ich ganz los. Bin ganz Ich selbst und erlebe endgültige Erleuchtung. Lebe als Erleuchteter. Diese Selbstidentifikation heilt mich auf allen Ebenen. Ich lebe in jedem Augenblick stimmig. Bin karmafrei. Habe nichts mehr für mich zu tun.

In der siebten Stufe bin ich wieder in meinem natürlichen Sein. Ich bin unsterblich, und wenn ich die Welt verlasse, kann ich meinen physischen Körper mitnehmen.

Dabei wird er verklärt. Ich kann es auch lassen. Ich lebe als Vollendeter. Bereit eine Aufgabe in der Schöpfung zu übernehmen. Als Meister.

Was ist wahre Meisterschaft?

Sie selbst bestimmen durch Identifikation, auf welcher Stufe Sie stehen. Tatsache ist: Sie sind am Ziel. Sie erkennen noch etwas. Ein wahrer Meister sind Sie erst, wenn Sie aufgehört haben ein Meister zu sein. Dann sind Sie wirklich ein Meister. Hier ist noch eine Geschichte dazu.

Einst lebten in einer Stadt drei große Meister des spirituellen Weges. Eines Tages beschlossen sie herauszufinden, welcher von ihnen der höchste, der wahre Meister sei. Also zogen sie in ihren besten Gewändern, gefolgt von einer großen Menschenmenge, hinaus vor die Stadt. Denn sie hatten die alte Kunst des Bogenschießens gewählt, um den besten unter sich herauszufinden.
Als sie vor das Stadttor traten, sahen sie, dass drei Kraniche über ihnen am Himmel schwebten. Der erste der drei Meister spannte seinen Bogen, schloss die Augen und schoss seinen Pfeil ab. Durchbohrt stürzte einer der Kraniche vom Himmel. Die beiden anderen Meister verneigten sich, und das Volk jubelte.
Dann nahm der zweite Meister seinen Bogen. Doch er legte keinen Pfeil an, sondern ließ nur die Sehne des Bogens

schnellen, und der zweite Kranich fiel tot vom Himmel. Wieder verneigten sich die beiden anderen Meister, und das Volk murmelte ehrfürchtig.
Der dritte Meister warf den Bogen von sich, blickte kurz in den Himmel, und da stürzte der dritte Kranich herab. Das Volk wich erschrocken zurück vor solcher Macht. Die beiden anderen Meister verneigten sich tief, denn sie hatten den höchsten unter ihnen gefunden.
In diesem Augenblick kam ein Fremder des Weges. In einfachen, von der Reise staubigen Kleidern. Auch er war ein Meister, aber er machte kein Aufhebens davon. Er beachtete die Menschenmenge nicht, sondern trat zu den toten Kranichen, die nebeneinander am Wegrand lagen. Als er sie mit tiefem Mitgefühl anblickte, erwachten die Vögel wieder zum Leben und erhoben sich in den Himmel.

Wenn einer, der mit Mühe kaum
gekrochen war auf einen Baum,
schon glaubt, dass er ein Vogel wär',
so irrt sich der.

Viele Lehrer weisen einen Weg und geben eine Philosophie mit auf diesen Weg. Ich möchte Ihnen zeigen, dass es keinen Weg gibt, weil es keines Weges bedarf, um der zu sein, der ich bin. Nur als Ich selbst kann ich meinen Platz in der Schöpfung ausfüllen. Da ich einmalig bin, kann nur Ich diesen Platz optimal besetzen. Aber eben als Ich selbst. Das heißt vor allem, so zu leben, dass ich mich in mir selbst wohlfühle und Achtung haben kann vor mir selbst. Dazu braucht man keinen Weg. Keinen Plan. Kein System. Keine Schritte. Das Jetzt zu erfüllen, diesen Augenblick, ist das einzige Ziel. Jeder Freund, Lehrer oder Meister kann immer nur seinen Weg sagen und zeigen. Das kann ein guter Weg sein. Vielleicht ein ähnlicher wie meiner. Vielleicht sogar ein besserer. Der Weg des Meisters kann der optimale Weg sein und doch in der entgegengesetzten Richtung zum Gipfel führen. Indem ich meine Einmaligkeit in jedem Augenblick lebe, ergibt sich daraus mein einmaliger Weg. Also gebe ich Ihnen nichts mit auf den Weg. Der Augenblick ist der Weg, und dieser Weg entsteht, indem Sie ihn gehen. Das kann niemand für Sie tun.

Etwas möchte ich Ihnen doch mit auf den Weg geben. Meine Erkenntnisse. Meine Liebe. Meinen Segen. Ein wirklicher Lehrer hat keine Lehre. Er erinnert Sie nur daran, dass Sie angekommen sind. Schon immer am Ziel waren. Was gibt es da noch zu lehren? Und so wie ein Vogel, der dahinfliegt, keine Spur am Himmel hinterlässt, so hinterlässt die wahre Lehre keine Spur in der Erinnerung. Die letzte Wahrheit ist, dass es keinen Lehrer gibt. Keine Lehre und keinen, der etwas lernen müsste. In diesem Augenblick hat für Sie der eigentliche Lehrgang begonnen – als Meister. Jetzt liegt es an Ihnen. Jetzt sind Sie Ihr Lehrer. Und Dr. Alltag Ihr strenger Richter. Schauen Sie sich jetzt einmal zu, wie Sie mit dem umgehen, was vor Ihnen liegt. Mit dem, was wir Zukunft nennen. Fangen Sie an, die ersten Schritte zu tun als Meister. Um immer meisterlicher zu werden, bis Sie eines Tages nicht einmal mehr Schritte tun. Sondern einfach nur noch im Sein sind. Der, der Sie wirklich sind. Immer waren, immer sein werden. Da es unvermeidlich ist, wenn man auf dem gleichen Weg ist, dass man sich früher oder später wieder einmal begegnet, verabschiede ich mich nicht. Wir sehen uns ohnehin wieder. Spätestens am Ziel – das es nicht gibt.

4.
Der Weg zu sich SELBST

Wenn wir einmal mit dem Paradox leben können, dass der Weg das Ziel und das Ziel der Weg ist, dann gelingt es uns auch, die Meditation als universelle Methode zu nutzen, um als ICH SELBST zu leben.

Meditation erleben wir dabei zunächst für Körper und Geist als Entspannungsmethode. Ohne diese Entspannung geht überhaupt nichts. Doch Meditation ist weit mehr als eine Entspannungsmethode. In der Meditation öffnen wir uns unserer Seele und unserem SELBST. In jeder Meditation erleben wir uns als ICH SELBST.

Je mehr wir in diesem Zustand des ICH SELBST leben, desto mehr wird unser ganzes Leben zur Meditation. Meditation ist nicht nur das Ziel, sondern auch der Weg durch die vielen Stufen des Erwachens.

Die Praxis der Meditation

Manchmal hört man jemanden sagen: Ich habe über das Problem meditiert. Der Betreffende wollte damit zum Ausdruck bringen, dass er das Für und Wider einer Sache abgewogen hat und zu einem Schluss gekommen ist. Dies Meditation zu nennen ist jedoch irreführend, da Meditation an sich keinen konkreten Gegenstand oder abstrakten Begriff zum Inhalt haben kann. Die Betrachtung und Verinnerlichung einer Sache nennen wir Kontemplation. Meditation jedoch ist das Loslassen ALLER Gedanken und Gefühle in vollkommener körperlicher und geistiger Entspannung, um zum wahren inneren Wesen zurückzukehren. So hören wir in der Stille mit unserem inneren Ohr auf das, was ohne unser Zutun, ohne unsere Mitwirkung immer gegenwärtig und wirklich ist.

Man verweilt für eine bestimmte Zeit bei seinem wahren inneren Selbst, um es auf sich wirken zu lassen, ohne von äußeren oder inneren Einflüssen gestört zu werden.

Warum überhaupt Meditation?

Durch unser materielles Streben und die immer größer werdenden Umweltreize besteht ein Mangel an Selbsterfahrungen bei den meisten Menschen. Meditation ist ein Weg, uns wieder als Geisteswesen zu erfahren. Aber wie auch die Gründe, warum jemand die Technik der Meditation erlernen möchte, sehr verschieden sein können, so sind auch die Auswirkungen der Meditation sehr unterschiedlich.

Da sind **zuerst die physiologischen Gründe:** Nach einem langen und arbeitsreichen Tag tut es Körper und Geist gut, für eine gewisse Zeit völlig abzuschalten, um Spannungen abzubauen, die sich während des Tages im Körper angestaut haben. Durch die tiefgehende Entspannung fühlt man sich nach einer etwa 20-minütigen Meditation erfrischt und erholt. Alle Muskelpartien werden gelockert, und man schöpft neue Kraft

Zweitens gibt es psychologische Gründe für die Meditation. Während der Entspannung löst sich der Geist allmählich vom Alltagsgeschehen. Durch diese regelmäßige Loslösung von Problemen, aber auch von den eigenen Emotionen und Gefühlsstauungen, kommt der Meditierende nach und nach zu einer geistigen Grundhaltung, in der er sich weniger mit seinen Gefühlen, seinen Trieben und Neigungen identifiziert. Er empfindet zwar so wie früher, aber seine Triebe haben keine Macht mehr über ihn, er gelangt zu geistiger Unabhängigkeit von der materiellen Welt.

Dies bedeutet jedoch keinesfalls Weltflucht. Vielmehr lässt sich der Meditierende weniger zu überschwänglichen, gefühlsmäßigen Reaktionen hinreißen, er lässt sich nicht mehr in Situationen »hineinziehen«. Er wird souveräner und duldsamer gegen Widerstände.

Durch die tägliche Meditation wird er sich in seinem Leben nicht mehr nur mit seinen materiellen Wünschen, ja materiellen Dingen überhaupt, identifizieren. Vielmehr erfährt er sich als geistig unabhängiges Wesen, welches Herr ist über sein Denken und Tun.

Es tritt eine Harmonisierung aller uns innewohnenden Kräfte auf, und wir bekommen mehr und mehr innere Anstöße und Impulse, die zu unserer Selbstverwirklichung beitragen. So erleben wir eine schrittweise Heranbildung einer klaren und ausgeglichenen Persönlichkeit.

Drittens gibt es **religiöse Gründe für die Meditation:** Dies hängt direkt mit der Stärkung des Grundvertrauens zusammen, einem Gefühl der Geborgenheit, das man in der Meditation erfährt. Man fühlt nach einer Weile geradezu körperlich, dass man als Wesen in dieser Welt seinen ganz bestimmten Platz und seine Aufgabe besitzt. Man fühlt, dass alles, was geschieht, nur zum eigenen Besten ist, dass man aus jeder Situation, die einem widerfährt, einen Nutzen ziehen und etwas lernen kann.

In der Meditation will ich nicht nur einen Teil, einen Aspekt der Wirklichkeit erfahren, sondern die Wirklichkeit an sich. Durch das Wirkenlassen dessen, was da ist und immer da war, lasse ich meine Einseitigkeit des Denkens los und erfahre das Leben, wie es ist, ohne den Filter meines Bewusstseins dazwischengeschaltet zu haben. Dieser Wirklichkeit öffne ich mich, wenn ich mein eigenes Wesen zurücknehme und weder auf meine Gedanken noch auf meine Gefühle achte. Dann höre ich auf den Klang der Schöpfung.

Dann erfahre ich das allumfassende Gesetz, nach dem die Dinge geschehen.

Während der Meditation können auch Zustände großen Glücksgefühls und großer Seligkeit auftreten. Man erfährt sich nicht mehr als getrenntes Wesen, sondern fühlt sich allen anderen Wesen und Dingen der Schöpfung verbunden. Man wird eins mit der Welt; nicht mehr der Einzelne ist dann wichtig, sondern die Gemeinschaft.

Solche Gefühle und Erfahrungen mögen auftreten oder nicht, sie bestimmen jedenfalls nicht den Wert einer erfolgreichen Meditation. Wenn Sie solche Erfahrungen machen, so machen Sie diese nicht zum Kriterium Ihrer Meditation, und versuchen Sie auch nicht, solche Zustände bewusst herbeizuführen. Jede Anstrengung bewirkt das Gegenteil, Beharrlichkeit jedoch führt zum Ziel. Wenn Sie keine dieser Erfahrungen machen sollten, ist das auch nicht weiter schlimm: Der amerikanische Psychologe Ornstein vergleicht die Meditation mit dem Auslöschen des Tageslichtes, um in der Dunkelheit die feinen Lichtreize der Sterne wahrnehmen zu können, die bei der großen Helligkeit des Tages nicht sichtbar sind. So wie sich unsere Augen an diese feinen Reize erst anpassen müssen, so muss Ihre Aufmerksamkeit und sogar Ihr Gefühlsleben erst geschult werden, um die feinen inneren Reize wahrzunehmen.

Die Methoden und Techniken der Meditation kann man unterscheiden in eine harte und weiche Schule. Die harte Schule ist vielleicht einigen von Ihnen aus dem Zen-Buddhismus bekannt. Sie erfordert eine radikale Selbstzucht und Reorganisation des ganzen Lebens. Dieser Weg ist für uns Europäer nur sehr schwer zugänglich, sodass es sinnvoller erscheint, es mit der weichen Methode zu versuchen. Hier ist es möglich, Schritt für Schritt eine Umwandlung alter Denkgewohnheiten vorzunehmen, ganz wie es uns gerade möglich ist. Außerdem kann dies in aller Stille vor sich gehen, ohne unnötig die Aufmerksamkeit unserer Umwelt auf sich zu ziehen.

Voraussetzungen für die Meditation

Es gibt körperliche und geistige Vorraussetzungen für die Meditation:

1. Der Zeitpunkt

Für Ihre tägliche Meditation wählen Sie am besten einen Zeitpunkt, an dem Sie nicht allzu müde sind, da sonst die Gefahr besteht, dass Sie während der Meditation einschlafen. Sie können diesen Zeitpunkt ganz nach Ihren Wünschen auswählen und festlegen. Die Meditation sollte nämlich täglich zur gleichen Zeit erfolgen, damit sich der Körper darauf einstellen kann. Sie werden sich dann zu dieser Zeit immer schneller und leichter entspannen und konzentrieren können.

2. Die Mahlzeiten

Ein zu voller Magen wirkt sehr belastend während der Entspannung, jedoch sollten Sie auch keinen Hunger verspüren, da dieser die Konzentrationskraft ebenfalls beeinträchtigt. Am besten ist eine kleine leichte Mahlzeit, eine halbe Stunde vor der Meditation eingenommen.

3. Der Ort

Suchen Sie sich einen ruhigen Ort, der Sie gut von Umweltgeräuschen abschirmt und an dem Sie nicht gestört werden können. Eventuell bitten Sie Ihre Familienmitglieder, Sie während der nächsten halben Stunde nicht zu stören. Wählen Sie gedämpftes Licht oder zünden Sie eine Kerze an. Schaffen Sie sich eine Atmosphäre, die wohltuend und entspannend auf Sie wirkt und die Sie auf die Meditation einstimmt.

4. Kleidung und Körperhaltung

Tragen Sie während der Meditation bequeme und lockere Kleidung oder lösen Sie den Gürtel. Nichts soll Sie während dieser Zeit beengen.

Wichtig ist eine gerade Haltung, damit die Wirbelsäule entspannen kann.

Liegend zu meditieren, auf einer nicht allzu weichen geraden Unterlage ist ebenfalls möglich. In jedem Falle muss die Wirbelsäule gerade sein. Die Augen können geschlossen bleiben, aber auch halbgeschlossen, je nachdem, wie Sie sich besser konzentrieren können.

5. Die Entspannung

Dies ist ein sehr wichtiger Teil einer jeden Meditation. Wenn Sie sich jederzeit sofort bewusst entspannen können, wäre das ideal. Wenn Sie jedoch noch Verspannungen im Körper verspüren, so hilft Ihnen folgende Übung:

Spannen Sie jeden Körperteil einzeln für etwa 5 Sekunden kräftig an. Lassen Sie diese Spannung dann plötzlich los, und gehen Sie ganz in das wohlige Gefühl hinein, welches den Körper danach erfüllt. Verfahren Sie, falls nötig, so mit allen Körperteilen, bis Sie völlig entspannt sind. Sehr hilfreich ist auch die Vorstellung von bleierner Schwere, welche Ihren ganzen Körper erfüllt. Stellen Sie sich 5 Minuten lang vor Beginn der Meditation vor, wie bleierne Schwere in jeden Körperteil fließt und Sie auf den Stuhl oder das Bett drückt.

Versuchen Sie, während dieser Entspannungs- und Imaginationsübung eine Körperstellung einzunehmen, in der Sie während der ganzen Meditation unbeweglich bleiben können. Denn diese Unbeweglichkeit ist ebenfalls sehr wichtig und wirkt auf jede Meditation vertiefend und förderlich. Aber noch wichtiger ist es natürlich, sich bei diesem Vorhaben nicht zu verkrampfen. Die Entspannung geht in jedem Falle vor.

6. Atem

Atmen Sie ruhig und tief. Lassen Sie die Luft Ihre ganzen Lungen ausfüllen, bis hinunter zum Bauch. Ideal ist, wenn sich nur noch der Bauch hebt beim Atmen, ohne jede Anstrengung: Ruhig und entspannt die Luft einfließen lassen und dabei das Gefühl haben, dass der Atem ganz von allein kommt und geht. Beobachten Sie Ihren Atem eine Weile ganz bewusst. Das Beobachten des Atems ist sehr förderlich für den nächsten Schritt.

7. Die Gedankenstille

Da wir ja unser ganzes Wesen in der Meditation zurücknehmen wollen, müssen wir natürlich zuallererst dafür sorgen, dass uns keine störenden Gedanken beschäftigen. Lassen Sie darum alle Gedanken bewusst los. Verbleiben Sie bei keinem Gedanken, sondern lassen Sie alle aufkeimenden Vorstellungen ruhig hinwegziehen. Sie werden anfangs nicht verhindern können, dass Gedanken kommen; dies ist eine Frage der Zeit und der Übung. Aber Sie können sich darin üben, sich nicht mehr mit diesen Gedanken zu identifizieren, Sie können sie wie aus der Sicht eines Dritten beobachten. Wichtige Gedanken denken Sie zu Ende und lassen sie dann völlig los. Unwichtige Vorstellungen beachten Sie erst gar nicht. Die Gedanken werden, wenn Sie sie nicht beachten, weniger und weniger werden, bis schließlich völlige Gedankenstille herrscht.

8. Das Mantra

Um diese Gedankenstille zu erreichen, kann auch das Rezitieren eines Mantras sehr hilfreich sein. Ein Mantra ist ein Wort, welches keinen offensichtlichen Sinngehalt besitzt und während der gesamten Meditation entweder nur in Gedanken oder aber leise vor sich hingesprochen wird. Wenn dann ein Gedanke auftauchen sollte, so lassen Sie diesen ziehen und konzentrieren sich voll und ganz auf das gewählte Wort. Ziehen Sie dieses Wort einfach Ihren Gedanken vor. Spüren Sie, wie das Mantra seine Wirkung entfaltet.

Denken Sie das Mantra im Rhythmus des Atems, aber lassen Sie Atem und Mantra wie von selbst geschehen. Sie sind nur stiller Beobachter und erleben, wie der Atem gleichmäßig fließt, während das Mantra mal leiser, mal lauter, mal voller, mal feiner in Ihnen schwingt. Es ist, als hätte es sich selbstständig gemacht, und nun geschieht es in Ihnen und schwingt im Rhythmus des Atems. Durch die Koppelung des Atems an das Mantra wird der ganze Prozess automatisiert. Alles, was Sie tun sollten, ist zuschauen und geschehen lassen. Mit der Zeit verfeinern sich dabei der Atem und die Schwingung des Mantras. Das Bewusstsein stellt sich auf feinste Reize ein, und auch die Wahrnehmung wird immer feiner. Schließlich wird der Wahrnehmungsgegenstand so fein, dass er gar nicht mehr vorhanden ist – unser Bewusstsein existiert dann ohne Bewusstseinsinhalt. Mantra, Atem und Bewusstsein schwingen in vollkommener Stille und Harmonie.

Die eigentliche Meditation

Wenn durch das Rezitieren des Mantras oder durch Konzentration auf den Atem völlige Stille in Ihrem Geist herrscht, beginnt erst die eigentliche Meditation. Was nun geschieht, kann man nicht beschreiben, da ja nichts Gegenständliches passiert. Das Gefühl der Stille, der Ruhe, des reinen Seins oder der göttlichen Verbundenheit erfährt jeder für sich selbst in einer ganz persönlichen Weise.

Es genügt für Sie vollkommen, wenn Sie sich geistig voller Vertrauen öffnen und ganz der Stille hingeben. Öffnen Sie Ihr geistiges Ohr, und Sie werden feststellen, dass diese Stille sogar einen Klang hat. Hören Sie diesen Klang und lassen Sie ihn ganz in sich hineinströmen. Wenn Sie zunächst gar nichts hören, seien Sie nicht enttäuscht. Wenn Sie gelernt haben werden, ganz ruhig zu sein, in völliger Gedankenstille zu ruhen und dabei voll konzentriert zu sein, so werden Sie auch diese Erfahrung machen. Aber bleiben Sie geduldig.

Nun kommen wir zu

Störungen und deren Beseitigung

Die größte Mühe werden Sie voraussichtlich haben, Gedankenstille zu erzeugen. Es ist ganz normal, dass Sie die unsinnigsten Gedanken und Vorstellungen haben werden, wenn Sie Ihre äußere Aufmerksamkeit zurückgezogen haben. Denn dann melden sich alle verdrängten Empfindungen und Gedankengänge zu Wort, die Sie am Tag nicht beachtet haben. Versuchen Sie nicht, diese Gedanken zu bewerten, zu analysieren oder zu behalten. Wichtige Dinge werden Ihnen ganz von selbst nach der Meditation wieder in den Sinn kommen. Die anderen Gedanken beachten Sie einfach nicht.

Alles, was noch geschieht, wenn Sie versuchen Gedankenstille herzustellen, sollten Sie nicht weiter beachten. Ob dies nun ein Jucken der Haut ist, eine plötzlich auftretende Nervosität oder Gereiztheit oder ob Ihre Muskeln unwillkürlich zu zucken beginnen – stören Sie sich nicht daran. Da bei der Meditation Stress-Symptome und alte Gefühls- und Aggressionsspannungen gelöst werden, kann es durchaus zu diesen körperlichen Reaktionen kommen. Schenken Sie diesen einfach keine Beachtung. Bleiben Sie bei Ihrem Mantra und fahren Sie mit der Meditation fort – die auftretenden Erscheinungen sind durchaus positiv zu bewerten.

Sollte Ihre Körperstellung unangenehm werden, so ändern Sie diese ohne großes Aufheben, und nehmen Sie eine bequemere Stellung ein. Denken Sie nicht zu viel darüber nach, sondern versuchen Sie, in Ihrem Ruhezustand zu verbleiben. Wenn Sie einmal einschlafen sollten, so versuchen Sie, nach dem Aufwachen etwa 20 Minuten weiterzumeditieren.

Es ist möglich, dass Sie nach einigen Wochen oder gar Monaten noch keine außergewöhnlichen Empfindungen während der Meditation erfahren haben, außer einer wunderbaren Erfrischung des Geistes und einer sehr tiefen Erholung.

Ich möchte jedoch nochmals betonen, dass dies nicht wichtig ist für den Erfolg. Wichtig ist einzig und allein, dass Sie Ihre tägliche Meditation regelmäßig durchführen.

Sie erleben sich so mehr und mehr ganz bewusst als Teil der allumfassenden Harmonie der Schöpfung, bis diese Haltung auch im täglichen Leben zum Ausdruck kommt und Sie ständig eins sind mit dem Einen.

Fühlst Du zu Großem Dich berufen,
dann fange mit dem Kleinen an;
kein Mensch erreicht die letzten Stufen,
der nicht zuvor die ersten nahm.
Ahnst Du zu Höh'rem Dich geboren,
dann lausch nach innen, werde still;
nicht im Gerede kluger Toren
erfährst Du, was Dein Schöpfer will.
Lässt Dich der Ew'ge dann erbeben,
erkennen, dass Du göttlich bist,
erfühlest Du, was es heißt, zu leben,
und weißt, was wahre Größe ist.
Gano Yah

Die nun folgende Meditation soll Ihnen die verschiedenen Möglichkeiten der Konzentration vor Augen führen und Ihnen eine praktische Erfahrung vermitteln. Sie können sich

- auf einen Punkt oder
- auf Ihren Atem konzentrieren,
- auf Ihren Körper
- oder eine Imagination,
- auf ein Mantra
- oder Ihr wahres Selbst.

Sie können eines davon als Konzentrationsgegenstand wählen oder alle, denn für manchen ist der Wechsel des Konzentrationsgegenstandes sehr förderlich für die Konzentration und damit für die Meditation. Sprechen Sie sich diese Meditation auf Band!

Übung zur Meditation

Ich suche mir nun für meine Meditation einen ruhigen Platz und nehme eine angenehme Position ein, wobei die Wirbelsäule möglichst gerade sein soll.
Ich spanne alle Muskeln meines Körpers gleichzeitig an, so fest, wie ich nur kann – ich halte die Spannung einige Sekunden und lasse wieder los. Ich atme einmal tief ein und aus und spanne gleich noch einmal alle Muskeln an und halte wieder die Spannung einige Sekunden – und lasse los. Ich fühle die Entspannung und Schwere in meinem ganzen Körper. Alle meine Muskeln sind nun ganz locker und gelöst.

Und nun schaue ich auf einen Punkt. Ich konzentriere die Vielfalt meiner Gedanken auf einen Punkt. Alles andere versinkt ganz weit – ich sehe nur noch diesen Punkt.
Nun schließe ich die Augen und bin ganz bewusst in meinem Körper und hier und werde eins mit dem Stuhl. Ich spüre, wie der Stuhl mich trägt. Ich sitze ganz gerade und entspannt und nehme meinen Körper bewusst wahr. Ich bin ganz gelöst und entspannt und fühle mich wohl.
Nun richte ich mein Bewusstsein auf meinen Atem. Ich beobachte meinen Atem nur und nehme wahr, wie Brust und Bauch sich bewegen wie sanfte Wellen, die am Ufer auslaufen. Während ich so meinen Atem beobachte, lasse ich ihn behutsam tiefer werden. Ganz behutsam lasse ich meinen Atem immer tiefer werden. Mein Atem wird immer tiefer und fließt ganz gleichmäßig. Ich atme ganz ruhig und gleichmäßig. Ein angenehmes Gefühl der Geborgenheit hüllt mich ein. Ich lasse geschehen. Nicht ich atme, sondern es atmet mich.
Nun bestimme ich noch die Qualität meines Atems. Ich atme ganz bewusst Ruhe, Gelassenheit, Gesundheit oder Licht. Eine leichte Bewegung des Mundes genügt, und die geistige Qualität meines Atems ändert sich.
Nun lenke ich meinen Atem in jeden einzelnen Körperteil, bis der ganze Körper bewusst erlebt wird. Ich erlebe bewusst meinen Körper. Mit jedem Atemzug lasse ich mich tiefer und tiefer sinken in ein wunderbares Gefühl der Ruhe und Entspannung. Ich bin ganz still und friedlich und lasse mich vertrauensvoll hineinsinken in die allumfassende Ordnung und Harmonie der Schöpfung. Ein tiefer Friede erfüllt mich.

Ich lasse nun auch ganz bewusst alle Gedanken los. Ich lasse alle aufkommenden Gedanken einfach weiterziehen, ohne sie aufzugreifen. Einem wichtigen Gedanken sage ich in Gedanken: »Komm nach der Meditation wieder, und ich werde mich mit Dir befassen.« Dann lasse ich ihn gehen und bin frei. Die aufkommenden Gedanken werden immer seltener, bis ich in völliger Gedankenstille ruhe. Ich bin ganz still und ruhe in der Mitte meines wahren Wesens. Ich fühle mich wohl – ich fühle mich unsagbar wohl.

Und nun lenke ich mein Bewusstsein einmal in meinen Körper und nehme bewusst die einzelnen Körperteile und Organe wahr. Ich beginne bei den Füßen und empfinde, wie sie sich fühlen. Ich richte meine ganze Aufmerksamkeit auf meine Füße und achte auf alle Empfindungen. Dann lasse ich meine Füße bewusst los und gehe weiter zu den Beinen. Auch dort verweile ich, bis ich meine Beine bewusst wahrnehme. Mein Bewusstsein konzentriert sich in meinen Beinen. Ich lasse alle Empfindungen bewusst zu und nehme sie wahr. Dann lasse ich auch meine Beine wieder los und gehe mit meinem Bewusstsein weiter durch meinen Körper. Bei jedem Körperteil oder Organ verweile ich so lange, bis ich es bewusst wahrnehme.

Finde ich irgendwo einen Schmerz oder eine Spannung, so verstärke ich sie bewusst einen Augenblick, um sie noch deutlicher zu empfinden. Ich versetze mich ganz hinein in den Schmerz oder die Störung, bis ich verstehe, was mein Körper mir damit sagen will. Ich lausche in meinen Körper, bis ich seine Botschaft verstehe und weiß, was zu tun ist.

Wenn ich klar sehe, unternehme ich gleich etwas, um eine Störung zu beseitigen oder die Heilung zu beschleunigen. Ich stelle mir lebhaft vor, wie ich meinen verschiedenen Organen helfe und sie in Ordnung bringe.

Ich reinige sie und massiere sie. Ich bestreiche sie mit heilenden und lindernden Substanzen und Salben. Notfalls schneide ich weg, was stört, und »sehe« danach, wie sich die Situation gebessert hat und »höre«, ob das Organ nun zufrieden ist.

Zum Schluss mache ich überall in den Organen Licht. Ich bestrahle und durchflute jeden Körperteil mit Licht, bis es überall licht und hell ist. Dann läute ich noch mit einer Glocke. Der silberhelle Ton der Glocke bringt das Organ in eine harmonische Schwingung, macht es locker und weich, sodass es sich ganz wohl fühlt.

Dann verabschiede ich mich von jedem Organ und versichere, dass ich es von nun an täglich besuchen und ihm helfen werde. Nun besuche und helfe ich ganz bewusst jedem einzelnen Organ und jedem Körperteil.

Gebet und Meditation

Nach den alten Überlieferungen kamen die Menschen zu Jesus mit der Bitte:

»Herr, lehre uns beten!«

Sie sagten nicht: »Lehre uns ein neues Gebet«, denn Gebete kannten sie genug. Sie wollten lernen, wieder wirksam zu beten. Und Jesus lehrte sie, nicht mehr die altgewohnten Litaneien aufzusagen, sondern die Gedanken auf Gott zu richten.

Trotzdem können nur wenige Menschen wirklich beten. Doch allein schon die Absicht, wieder beten zu lernen, setzt die hohe Einsicht voraus, dass Beten erlernbar ist.

Die Menschen beten auf individuelle Weise, je nach Einsicht, Religion und Glauben, doch ihre Gebete sind oft nur Worte. Sie mögen zwar aus den Worten einen gewissen Trost ziehen, aber da es kein wirkliches Gebet ist, sondern eben nur Worte, erreichen sie auch den Empfänger GOTT nicht, und so kann auch keine Erfüllung folgen.

Ein wirkliches Gebet ist ausschließlich das Darbringen der Gedanken zu Gott, durch den Geist, der sich zu Gott erhoben hat. Solange die Worte nicht die Gedankenformen des Beters ausdrücken, bleiben es leere Worte, denen nichts folgt.

Kann man Beten lernen, wie man irgendetwas anderes lernen kann? Die Antwort ist klar und eindeutig. JA, MAN KANN!

Wunder sind Antworten auf wirksame Gebete

Jedes wirkliche Gebet wird erhört, nicht unbedingt aber erfüllt, falls die Erfüllung im Widerspruch zum Schöpfungsplan steht.

Das wahre Gebet ist ein bewusstes Ausbreiten der innersten Gedanken und Gefühle vor Gott. Das können

Wünsche sein oder Einsichten, hilfreiche Erfahrungen oder Gefühle der Dankbarkeit oder Geborgenheit.

Innere Ehrlichkeit ist dabei wichtiger als schöne Worte!

Das Gebet sollte man auch möglichst mit seinen eigenen Worten sprechen und zwar tief im Innersten, wo alles echt und wahr ist.

Auf mein Gebet hin bekomme ich meist einen Impuls. Dem sollte ich aber auch folgen – sonst folgt nichts mehr! Es ist unsere Pflicht, Gesundheit und wahren Wohlstand hervorzubringen. Das heißt, dass es wirklich in allen Bereichen »wohl steht«, und daher müssen wir uns täglich Zeit nehmen für Gebet und Meditation und natürlich auch dafür, unser eigenes Verhalten zu überprüfen und unseren Worten anzupassen.

Auch sollten wir erkennen, dass zum geistigen Wachstum innere Ordnung und Disziplin gehört.

Immer, wenn wir wirklich beten, führen wir damit eine Wandlung zum Besseren herbei. Ist das Gebet sehr kurz oder die eigene Erkenntnis der Wirklichkeit noch gering, dann kann auch die vollzogene WANDLUNG nur gering sein, aber es ist unmöglich, wirklich zu beten, ohne dass sich daraus eine qualitative Änderung der Seele ergäbe.

Das Gebet verändert die Qualität der Seele

Doch das Gebet verändert auch die Dinge. Als Folge der Wandlung unseres Denkens ändern sich unsere Lebensumstände, unser Schicksal. Die Mitmenschen werden freundlicher, günstige Zufälle ergeben sich, und Unerfreuliches, mit dem wir schon gerechnet haben, ereignet sich nicht – alles durch die Kraft des Gebetes.

In dem Wort Gebet liegt noch eine große, meist unerkannte Weisheit. Wenn wir die erste Silbe betonen, heißt es: gébet! Niemand kann etwas bekommen, ohne zuvor etwas zu geben. Das Geben öffnet die Hand auch für das Empfangen. Denn es genügt nicht, Gott um etwas zu bitten und gleichzeitig die Naturgesetze zu verletzen. Wir können für eine Disharmonie nicht eine Belohnung erwarten.

Ob das Gebet gedacht oder ob es laut gesprochen wird, ist unwichtig. Wichtig ist nur der Grad unserer Hingebung zu Gott, die Intensität unseres Denkens, Fühlens und Wollens.

Viele beten nicht aus Angst vor Enttäuschung. Wenn Sie den Lichtschalter betätigen, und es folgt kein Licht, dann ist Ihr Anschluss oder die Lichtleitung defekt. Wenn Ihr Anschluss aber in Ordnung ist, dann folgt nach der Betätigung des Lichtschalters mit absoluter Sicherheit auch Licht!

Für viele ist Beten eine Routine, etwas, was man tun sollte, was von einem erwartet wird.

In Wirklichkeit ist Beten eine Kunst

Wirkliches Beten hat nichts mit dem Versuch zu tun, Gott zu überzeugen, mal eine Ausnahme zu machen, Gesetze zu ändern, ihn beeinflussen zu wollen. Das ist Aberglaube.

Wir können auch Gott nicht verantwortlich machen –

für die Folgen menschlicher Dummheit, eigensüchtigen Denkens und Handelns. Wer Gott bittet, ihn vor den Folgen seines Fehlverhaltens zu bewahren, wird vergeblich bitten. Man kann nicht für ein Fehlverhalten eine Belohnung erwarten. Wer aber um Hilfe und Führung bittet, mit der Bereitschaft, selbst sein Bestes zu geben, dessen Gebet wird sicher erhört.

Wahres Gebet ist das Bestreben des physischen Bewusstseins, in Einklang zu kommen mit dem Bewusstsein des Schöpfers.

Wenn wir aber unsere Gebete betrachten, so sehen wir, dass viele unserer Gebete sich an Gott richten, um ihn zu belehren, wie er die Dinge im Einzelnen richten möge oder lenken solle.

Ein jedes Gebet unterliegt dem Gesetz von Ursache und Wirkung.

In der Bibel heißt es: »Wie ihr sät, so werdet ihr ernten.« Wir bekommen also stets das, was wir verdienen, nicht das, was wir haben wollen.

Wer aber betet schon: »Herr, gib mir die Kraft und die Einsicht, alles das mit Dank zu empfangen, was mir gebührt.«

Stattdessen wollen wir Gott wachrütteln, ihn erweichen oder ihm einen Handel anbieten. Wie der Mann, der betet: »Herr, ich opfere Dir ein Bein, wenn Du meine Tochter wieder gesund machst.«

Was soll Gott mit seinem Bein? Er hat ihm beide Beine gegeben, warum sollte er ihm nun eines wieder nehmen?

Rechtes Beten aber heißt, sich im Gebet zu ändern, damit auch in den Umständen eine Änderung erfolgen kann, heißt, sich bewusst in die Einheit zu erheben. Gottes Segen für die Erfüllung eigener Pläne zu erbitten, trennt mich von Gott und schadet mir dadurch.

Gott hat einen Plan für jeden, und er hat auch einen Plan für dich. Also suche diesen Plan zu erkennen und deinen Platz im Leben zu finden, denn du kannst nur wirklich glücklich werden, wenn du seinen Plan erfüllst.

Oft sind wir unschlüssig und erkennen unseren Platz nicht. Sobald wir aber die richtige Frage stellen, wird uns die Antwort klar. Fragen wir also nicht mehr: »Was will ich vom Leben?«, sondern: »Was will das Leben durch mich verwirklichen?«, »Was kann ich jetzt für die Gemeinschaft tun?«, und indem ich diesen Augenblick erfülle, lebe ich ein erfülltes Leben.

In der Bibel heißt es: *Suchet, so werdet ihr finden!*

Suchen sollten wir möglichst dort, wo wir Aussicht haben, etwas zu finden: IN UNS SELBST!

Suchen ist also ein Versenken in sich selbst, in seine göttliche Natur. Suchen heißt, zu sich selbst finden, sein wahres Selbst zu erkennen. Hierbei ist der Suchende der Gesuchte!

Auf diese Weise erkennen wir auch die Wirklichkeit hinter dem Schein sowie die geistigen Gesetze, die unser Leben bestimmen, solange wir sie nicht kennen. Sie dienen uns, sobald wir sie erkannt haben und bewusst mit ihnen arbeiten.

Damit haben wir dann unser geistiges Erbe angetreten.

Bei dieser Suche wird das wahre Selbst im Inneren immer deutlicher wahrgenommen, bis man ganz von sich selbst erfüllt ist, das heißt, bis das wahre Sein das ganze Bewusstsein erfüllt und unser Leben bestimmt.

Ist man so weit gekommen, dass man jederzeit in der Stille sein wahres Selbst wahrnehmen und erleben kann, dann ist man würdig vorbereitet zu beten.

Auf diese Weise wird das Bewusstsein des Suchenden immer klarer, bis er endlich die Einheit seines wahren Selbst mit Gott erkennt.

Die Suche hat ein Ende gefunden, er ist eins mit Gott und weiß, was FINDEN heißt: Er hat gefunden. Die erste Voraussetzung für wahres Beten wurde erfüllt.

Er weiß, dass wahres Beten heißt, seinen eigenen Willen mit dem Schöpfungswillen in Einklang zu bringen.

Wer so gefunden hat, kann nie wieder verlieren. Der hat zu sich selbst gefunden.

Beten ist nicht betteln, sondern anklopfen

In der Bibel steht auch:

»Klopfet, so wird euch aufgetan.«

Klopfen heißt, sein Leben so zu gestalten, dass jede Handlung die Ursache für die berechtigte Forderung ist.

Das heißt auch, selbst alles zu tun, was zum gewünschten Ziel führt, oder zu lassen, was die Erfüllung behindert oder unmöglich macht.

Klopfen ist ein inneres und äußeres tätiges Verhalten, denn was Gott für mich tun will, kann er nur durch mich tun. Klopfen heißt also, dem Schicksal die Hand zu reichen und auf meiner Ebene alles tun: Sich das Falsche abgewöhnen, Schuldgefühle auflösen, Schulden bezahlen, Erkenntnisse anwenden, das als richtig Erkannte auch wirklich leben.

Erhörung findet nur, wer wirklich klopft, wer seine gerechte Bitte durch tätiges Verhalten bestärkt und damit eine geistige Ursache setzt, sodass die Erfüllung auf Grund der geistigen Gesetze erfolgen muss.

Jesus ermahnte uns, beharrlich zu beten, ohne lasch zu werden. Das heißt, aktiv zu sein, tun, was zu tun ist, voller Mut und Tatkraft zu sein, sich ständig dem Höchsten zuzuwenden. Es ist ein ständiges Bejahen der Wahrheit, dass uns die Macht und Weisheit Gottes in jeder Situation, in jedem Menschen, in jedem Umstand, aber auch in jeder Not begegnen kann und wir bereit sein sollten, sie in allem zu erkennen.

Dann aber ist die Not keine Not mehr, sondern eine Notwendigkeit, ein Umstand, der uns helfen soll, eine wirkliche, also geistige Not zu wenden.

Klopfen heißt also auch, bereit zu sein für Gott, hinzuhören, verstehen zu wollen, anzunehmen.

Klopfen heißt aber auch vergeben. Solange die Harmonie gestört ist, weil ich wider jemanden etwas habe, so lange kann ich nicht Kanal sein für die Harmonie.

In der Bibel heißt es:

»Und wenn ihr steht und betet, so vergebet, wo ihr etwas wider jemand habt, auf dass auch euer Vater im Himmel euch vergebe eure Fehler.« (Mark. 11:25)

Wer in der richtigen Weise anklopft, dem wird aufgetan, weil er selbst durch sein Verhalten die Ursachen dafür setzt. Wer nur mit Worten klopft, der wird vergeblich warten, dass ihm aufgetan wird. Auch wer für andere bittet, aber nicht auf die Idee kommt, selbst etwas für den anderen zu tun, wird vergeblich bitten.

Wenn wir im Hause des Höchsten gehört werden wollen, müssen wir so klopfen, dass man uns sicher hört und uns gleich erkennt als einen, der hier zu Hause ist.

Mancher betet um Dinge, die ihm durchaus zuteil werden könnten, vielleicht sogar sollen, aber er versagt, wo das Gebet seine tätige Hilfe notwendig macht. Er rührt keine Hand – und wartet! Vergeblich! Klopfen heißt also, tätigen Glauben zu beweisen. Das heißt auch, täglich zu danken für das Viele, was mir bereits zuteil wurde, indem ich es wiederum teile mit dem, der weniger hat.

Wer so klopft, kann sicher sein, dass ihm aufgetan wird.

Weiter heißt es in der Bibel:

»Bittet, und euch wird gegeben werden!«

Bitten ist das Auslösen einer schöpferischen geistigen Kraft, die bewirkt, dass in Erscheinung tritt, was durch richtiges Suchen und Finden und richtiges Klopfen bereits zu eigen wurde.

Diese schöpferische Kraft in uns ist unser geistiges Erbe.

Wir brauchen es nur in Besitz zu nehmen, unser Erbe anzutreten. Wahres Bitten ist Wollen, in festem Vertrauen darauf, sicher zu empfangen.

Die Kraft des Glaubens

In der Bibel heißt es:

»Bittet, und so ihr glaubt, wird euch gegeben werden.«

Ein wichtiger Teil der Bitte ist unser Glaube. Glauben heißt, innerlich sicher wissen, dass das Erbetene geistig bereits erhalten wurde, und dafür zu danken.

Glaube ist der Kanal, durch den die Erfüllung fließt. Wahrer Glaube gründet in der Gewissheit, dass wir immer und ohne Ausnahme eine Antwort erhalten, wenn wir die schöpferische Urkraft Gottes in uns anrufen.

Bitten heißt nicht, viele Worte zu machen.

In der Bibel heißt es:

»Euer Vater weiß, wessen ihr bedürfet,
ehe denn ihr ihn bittet.«

Ein wahre Bitte könnte lauten:

»Siehe, Vater, ich habe gesucht und gefunden, ich habe geklopft und so das Meinige getan. Ich weiß, dass Du meine Bitte jetzt erhört hast, und ich danke Dir dafür, dass ich die Erfüllung in Empfang nehmen kann.«

Manche Menschen trauen sich nicht zu bitten, weil sie glauben, dass sie Gott nicht mit ihren Problemen belästigen dürften. Wenn etwas aber für Sie wichtig ist, so ist es auch für Gott wichtig.

Jesus machte keine Einschränkung, als er sagte:

»Darum sage ich euch: Alles, was ihr bittet in eurem Gebet, glaubet nur, dass ihr's empfangen werdet, so wird's euch werden.«

Er sagte nicht: »Bittet nur um Weisheit, wenn ihr Hunger habt.« Er sagte ganz klar ALLES, und die einzige Ermahnung war: zu glauben. »Glaubet, dass ihr's empfangen werdet, so wird euch gegeben ... denn ein jeglicher, der bittet, wird empfangen.«

Jemand hat einmal sehr schön gesagt:

»Wir können so hoch kommen, wie wir hoffen können. Wir können so weit kommen, wie wir glauben können. Wir können nur so tief fallen, wie wir befürchten.«

Unsere Gebete aber sind häufig halbherzig, weil wir nicht wirklich glauben, dass sie erfüllt werden könnten. Wenn Jesus gebeten wurde: »Herr, heile mich«, dann hat er stets zuerst gefragt: »Glaubst du?« Das heißt in unserer heutigen Sprache: »Hast du das Bild, die Vorstellung des Heilseins in dir?« Er kannte die geistigen Gesetze und hat sie erfüllt. Wir können nur erhalten, was wir in uns verwirklicht haben, was uns zu eigen ist. Erst dann kann die Kraft genau dies in den äußeren Umständen manifestieren.

Wenn der Kranke sagte: »Ja Herr, ich glaube«, dann hat Jesus nicht etwa gesagt: »So will ich dich denn heilen«, sondern: »Dir geschehe nach deinem Glauben.«

Das heißt, dass sich die Kraft in den Umständen nur in dem Maße verwirklicht, wie wir glauben können. Wenig Glaube, wenig Verwirklichung.

Wahrer Glaube ist das Vertrauen auf die Macht und Weisheit des innewohnenden Christus, und zwar unabhängig von äußeren Umständen und Situationen.

DEIN Wille geschehe!

Umgekehrt ist Bitten auch nicht das Überwinden des göttlichen Willens, sondern das bewusste Einswerden mit dem Schöpfungswillen.

Hat der Bittende durch sein Suchen und Klopfen den Schöpfungswillen erkannt und bejaht, so ist die Erfüllung des Gebetes in dem Augenblick vollzogen, in dem es gedacht ist.

Jedes Gebet wird erfüllt, wenn wir zuvor durch unser Suchen und Klopfen unsere Empfangsberechtigung bewiesen haben.

Sobald der Bittende das Vorstellungsbild des erwünschten Endzustandes geschaffen und ihm bis ins Detail genügend Festigkeit gegeben hat, sollte er sein Werk dem ewigen Schöpfungswillen übergeben, seinen Willen in den Schöpfungswillen einfließen lassen und darum bitten, dass das Richtige geschehen möge. Nur so kann er sicher sein, dass nicht sein Wille gegen den Willen der Schöpfung steht.

Wahres Beten heißt, sein ganzes Denken, Fühlen und Handeln umzustellen, um so zum reinen Kanal für die Erfüllung zu werden.

Wer so zu beten weiß, wird finden, sobald er sucht, wird erhört, sobald er klopft, und wird empfangen, während er noch bittet.

Die vier Schritte schöpfungsgerechten Betens

Beten aus der Perspektive des Egos heraus kann zu keiner wirklichen Erfüllung führen. Jedes schöpfungsgerechte Beten vollzieht sich aus dem Selbst und ist ein bewusstes Verbinden mit Gott und ein Gewahrwerden seiner Gegenwart. Noch nie hat sich jemand mit Gott im Gebet verbunden, ohne dadurch innerlich und äußerlich über sein Ego hinauszuwachsen und EINS zu werden mit dem EINEN.

Der *erste Schritt* ist also, mich zu entspannen, mein kleines Ich und seine kleinlichen Wünsche loszulassen und mich dem EINEN zuzuwenden. Ich lasse die Vielfalt meiner Gedanken los, gehe in die Stille und öffne mich ganz für DAS EINE. Ich löse mich aus der Identifikation mit meinem Körper, dem unerwünschten Zustand, und erfülle mein Bewusstsein mit der Gegenwart Gottes, wie ich es in der Meditation gelernt und erfahren habe. Ich bitte so um innere Führung.

Als reiner Beobachter erkenne ich zunächst einmal ganz

bewusst und ohne jede persönliche Anhaftung die Situation: Ich nehme wahr, was ist und was sein soll. So kann ich auch das richtige Ziel erkennen, bis ich die Gewissheit habe, dass es für mich und alle anderen so das Beste ist.

Ich bete so:

»Vater, führe mich auf DEINEN WEG –
lass mich Werkzeug Deiner Schöpfung sein.«

Im *zweiten Schritt* beseitige ich alle Hindernisse in mir. Ich mache mich frei von unerwünschten Gefühlen wie Schuld oder Minderwertigkeit, mache mich frei von Gedanken, Sorgen und Ängsten sowie von Bildern einer unseligen Zukunft. Ich lasse auch meine Vergangenheit bewusst los. Ich entlasse auch jeden Gedanken an Mangel oder Begrenzung aus meinem Bewusstsein und wende mich ganz der Fülle der einen Kraft zu.

Vor allem ein mangelndes Selbstwertgefühl ist ein Hindernis, denn es verhindert die Erfüllung des Gebetes. Ich fühle mich wert, Erfüllung zu empfangen und richte mein Bewusstsein auf die Vollkommenheit meines wahren Selbst.

Ich löse aber auch alle meine Erwartungen auf – seien diese auf Menschen gerichtet oder auf Gott. Ich achte und liebe jeden Menschen so, wie er ist (mich selbst eingeschlossen) und habe volles Vertrauen, dass jetzt das Richtige geschieht.

Im *dritten Schritt* formuliere ich das erwünschte Endergebnis in Wort und Bild und sehe es deutlich vor mir. Ich fühle mich wert, Erfüllung zu erlangen und identifiziere mich mit dem Ergebnis, ich sehe und erlebe mich in der Erfüllung. So gehe ich aus der Phase der unendlichen Möglichkeiten in die Phase der konkreten geistigen Manifestation.

Meine Formulierungen sind dabei immer positiv und in der Präsensform. Sie enthalten keine Absichtserklärung und keine Verneinung. Sie sind präzise und vollständig. Ich wende mich also stets vertrauensvoll dem Guten zu, das jetzt kommt, und denke nicht an das Übel, das verschwinden soll.

Im *vierten Schritt* wende ich mich wieder ganz dem EINEN zu. Mein Bewusstsein geht in die Hingabe an Gott. Ich erwache zur Wirklichkeit und spüre die Allgegenwart Gottes. Ich bin mit mir und der Welt in Harmonie und fühle einen tiefen Frieden in mir. So übergebe ich vertrauensvoll mein Bild des erwünschten Endzustandes an die Allmacht des EINEN. Ich halte dieses Bild in meinem Bewusstsein fest, sehe es klar vor mir und fühle mich wert, die Erfüllung jetzt in Empfang zu nehmen.

So sehe ich mich bereits in der Erfüllung und nehme wahr, wie ich mich dabei fühle und verhalte, aber ich bestimme nicht, wie die Erfüllung aussehen soll. Ich halte das Bild der göttlichen Ordnung, ohne mir eine konkrete Vorstellung vom Ergebnis zu machen, und vermeide Eigenwilligkeit, die doch nur Schicksal nach sich zieht, und bleibe so in Harmonie mit der Schöpfung. Ich handle aus dem Einssein, und auch mein Gebet ist ein Teil dieser allumfassenden Harmonie.

Das von mir gesprochene Wort beim Gebet ist so ein Ausdruck der Harmonie zwischen Gottes Willen und meinem Willen. Das heißt auch, dass jedes Wort im Einklang steht mit den geistigen Gesetzen. Ich erwarte keine Ernte, bevor ich gesät habe.

Je mehr ich jedoch mein Bewusstsein erweitere, desto machtvoller werden meine Gedanken, desto leichter und schneller tritt die Erfüllung in Erscheinung. Je größer die Kraft aber ist, die ich in Bewegung setze, desto größer ist auch meine Verantwortung. So zieht ein falscher Gedanke, der früher wenig ausgemacht hätte, nun ernste Folgen nach sich. So erkenne ich immer klarer meinen Weg und achte darauf, dass jeder meiner Schritte mit den göttlichen Gesetzen übereinstimmt und wirklich zum Ziel führt, denn wir sind erst wirklich erfüllt, wenn wir unsere Bestimmung erfüllen.

Das heißt, in der höchsten Weise beten: aus der Erkenntnis, von meinem wahren Wesen her selbst vollkommen und eins mit dem Einen zu sein.

Glaube als innere Gewissheit

Glaube bedeutet absolutes inneres Gewiss-Sein der Erfüllung. Erst der Glaube schaltet die Kraft ein, er zeigt, wie viel wir bereit und fähig sind, an Erfüllung anzunehmen. Wir erhalten nur so viel Erfüllung, wie wir durch unseren Glauben annehmen können.

Wenn wir glauben, dass unser Gebet Erfüllung gefunden hat und im geistigen Bereich bereits geschehen ist, dann spüren wir ein starkes Glücksgefühl, verbunden mit der absoluten Gewissheit, dass sich die Erfüllung nun auch im materiellen Bereich manifestieren muss.

Jeder Mensch glaubt, doch je nach Art des Glaubens arbeitet dieser für oder gegen ihn. Die Kraft des Glaubens verwirklicht das, wovon ich im Innersten überzeugt bin. Auch wer nicht glaubt, der glaubt, nur eben das Falsche, das Gegenteil.

Glaube ist ein inneres gewiss Wissen, das nicht auf äußeren Beweisen beruht. Es ist ein inneres Erkennen der Wahrheit und Wirklichkeit. Wissen stellt Tatsachen fest, Glaube aber schafft Tatsachen durch dankbares Bejahen der inneren Wirklichkeit. Glaube ist daher der wichtigste Teil des Gebetes. Er ist die Erkenntnis, dass Gott immer sein Werk vollendet, wenngleich die Erfüllung nicht immer meiner Vorstellung entspricht.

Letztlich beseitigt die Kraft des Glaubens alle Hindernisse und verwirklicht das, was ich im Innersten beharrlich gläubig bejahe. Denn alle Dinge sind möglich dem, der glaubt.

Jesus sagte:

»Dir geschehe nach deinem Glauben.«

Auch das ist ein geistiges Gesetz, und uns allen geschieht ständig nach unserem Glauben. Sorgen wir also dafür, dass wir das Richtige glauben.

Ich muss natürlich auf meiner Ebene alles Erforderliche beitragen, um das erwünschte Ergebnis zu ermöglichen.

Will ich das große Los ziehen, muss ich mir wenigstens ein Los kaufen. Ich muss also dafür sorgen, dass ich kein Hindernis für die Erfüllung bin.

Dazu gehört auch die gute Tat, die der Größe des Wunsches entsprechen sollte, denn man kann nur nehmen, was man gibt, und erst kommt das Säen, dann das Ernten.

Das Gebet stärkt unser Vertrauen in die Gewissheit der Erfüllung, aber es schärft uns auch die Sinne für die Wahrnehmung dessen, was wir zur Erfüllung beitragen können. Was Gott für dich tun will, das kann er nur durch dich tun. Beten und Arbeiten gehören zusammen.

Was ich mindestens zur Erfüllung beitragen kann, ist die Wiederholung des Gebetes. Ich wiederhole also den Schöpfungsakt, bis sich der erwünschte Endzustand manifestiert hat oder ich die innere Gewissheit der Erfüllung zu gegebener Zeit spüre.

Will ich Erfüllung haben, darf ich mich nicht in mein Kämmerlein einschließen, sondern muss dem Schicksal die Hand reichen, und wenn ich ihm gleich beide Hände reiche, wird es schneller eine ergreifen. In der Bibel heißt es:

»Suchet, so werdet ihr finden,
bittet, und euch wird gegeben werden,
klopfet, so wird euch aufgetan.«

Wir ernten nur, was wir säen.

Im Zustand der Dankbarkeit

Dankbarkeit ist der Anschluss an die Fülle der einen Kraft, die Türen öffnet für unseren Wohlstand. So wie ein Haus erst erleuchtet werden kann, wenn der Anschluss an das Elektrizitätswerk erfolgt ist, so kann sich Erfüllung erst dann voll manifestieren, wenn wir sie dankbar bejahen.

Wir sollten die Erfüllung aber auch dann dankbar bejahen, wenn sie nicht unserer Vorstellung entspricht, denn wir bekommen das, was wir brauchen, und das ist nicht immer identisch mit dem, was wir haben wollen.

Erkennen wir dankbar, durch wie viele Schwierigkeiten der Glaube uns schon sicher hindurchgeführt hat, und vertrauen wir darauf, dass er uns auch jetzt sicher helfen wird, alle Hindernisse zu bewältigen.

Durch unsere Dankbarkeit zeigen wir, dass wir wirklich glauben und der Erfüllung gewiss sind. Erkennen wir auch dankbar, dass alles, was uns geschieht, zu unserem Besten dient, wenn es auch nicht immer angenehm sein mag. Wie oft zeigt sich, dass das, was wie ein Unglück aussah, in Wirklichkeit ein Segen war.

Danken wir dafür, dass wir wissen, was zu tun ist und dass wir es tun durften, aber auch dafür, dass es damit geschehen ist, wenngleich es noch einige Zeit dauern mag, bis die Saat aufgegangen ist.

SO BETE ICH:

DANKE VATER,
DASS DU MICH
MIT ALLEM VERSORGST,
WAS ICH ZUM FREIEN AUSDRUCK
DEINES SCHÖPFUNGSWILLENS
BRAUCHE!

Meditation und Gebet

Wenigstens einmal täglich sollten wir uns Zeit nehmen für Meditation und Gebet. Zum Unterschied zwischen Gebet und Meditation hat Meister Ekkehart gesagt:

»Im Gebet spreche ich zu Gott,
in der Meditation spricht Gott zu mir.«

Nehmen wir uns täglich Zeit, um uns in stillem Frieden und Dankbarkeit dem Einen zuzuwenden und im Bewusstsein unseres wahren Wesens eins zu sein mit IHM, bis unser ganzes Leben zum Gebet geworden ist.

Solange wir aber noch Wünsche haben, sollten wir den Schöpfungsakt des Gebetes täglich wiederholen, bis sich die Erfüllung manifestiert. Das ist keineswegs mangelnder

Glaube, sondern vielmehr Beharrlichkeit im Glauben.

Erfüllen wir uns mit der Kraft des Gebetes unsere Wünsche, bis wir nur noch von dem einen Wunsch erfüllt sind, eins zu sein mit dem Vater. Bis es nicht mehr deinen und meinen, sondern nur noch seinen Willen gibt, der mein Leben ganz bestimmt.

Dann kann ich sagen:

> »Der Vater und ich BIN eins.«

Dann gibt es nichts Trennendes mehr, mein ganzes Leben ist ein einziges Gebet. Ich will nichts mehr haben, sondern nur noch weitergeben, was ich so überreichlich empfangen habe.

Schritte zu sich SELBST

Die Schritte zur Meisterschaft sind gleichzeitig die Schritte zu sich selbst. Ein Meister / eine Meisterin haben sich selbst verwirklicht, bringen ihr SELBST vollkommen zum Ausdruck.

Die Selbstverwirklichung ist ein Ziel, zu dem viele Wege führen. Doch alle diese Wege haben den gleichen Anfang:

1. Die Suche

»Suchet, so werdet ihr finden«, heißt es. Bevor ich Erkenntnis finden kann, muss ich anfangen zu suchen. Bevor ich mein Ziel erreichen kann, muss ich mir darüber klar werden, was mein Ziel ist und wie ich es am besten erreiche.

Suchen sollte man da, wo man etwas finden kann – in sich selbst!

Denn Suchen heißt, sich selbst zu finden, sein wahres Selbst zu erkennen.

Wer in Ruhe in sich geht, der wird auch finden, denn die Wahrheit und auch die Wirklichkeit, das Wissen um unser wahres Selbst, sind in unserem innersten Wesen verankert, und jeder Suchende kann an dieser Wahrheit und Wirklichkeit teilhaben.

Auf diese Weise erkennen wir die Wirklichkeit hinter dem Schein. Wir erkennen die geistigen Gesetze, die hinter den Dingen wirken und unser Leben bestimmen, solange wir sie nicht kennen. Haben wir die Wirklichkeit jedoch erkannt, so dienen uns diese Gesetze, und wir können bewusst mit ihnen arbeiten und unser Leben mit ihrer Hilfe gestalten.

2. Die Selbsterkenntnis

Nachdem wir unser Bedürfnis nach Selbstverwirklichung erkannt haben und begonnen haben, uns für die Wahrheit zu öffnen, kommen wir zur zweiten Stufe: der Selbsterkenntnis.

Selbsterkenntnis hat zur Folge, dass wir uns über bestimmte Dinge KLAR WERDEN müssen, das heißt, wir müssen unser Bewusstsein klären von den Einflüssen des Gemüts, des Gefühls und auch des Verstandes.

Ganz frei und offen können wir so die Wahrheit und Wirklichkeit, die in unserem innersten Wesen für uns erfahrbar sind, erkennen und annehmen.

Das Annehmen der WIRKLICHKEIT ist das Wichtige, und doch sind nur wenige Menschen bereit, der Wahrheit ins Gesicht zu sehen, besonders, wenn es sich darum handelt, sich selbst zu erkennen. Da wir aber noch weit entfernt sind von Vollkommenheit, ist es gerade für uns so wichtig, unsere FEHLER zu erkennen, um sie aufzulösen!

Ohne diese Bereitschaft ist Selbstverwirklichung nicht möglich, denn ehrliche Selbsterkenntnis ist der wichtigste Schritt, bevor sich unsere Situation ändern kann.

Diese Ehrlichkeit uns selbst gegenüber zeigt uns ja nicht nur, wer wir sind, sondern soll uns auch bewusst machen, was aus uns werden kann. Sie deckt vorhandene Anlagen und Kräfte auf, oft solche, die uns gar nicht bewusst waren, und zeigt uns, in welcher Richtung wir uns damit am erfolgreichsten entwickeln können. Selbsterkenntnis macht uns deutlich, welche Schwächen zu überwinden und welche Stärken durch Bejahung und Übung zu entfalten sind.

Über dem Tempel von Delphi standen einst die Worte: Erkenne dich selbst!

Im Inneren des Tempels ging dieser Satz jedoch weiter mit den Worten:

> Erkenne dich selbst,
> damit du Gott erkennst!

Selbsterkenntnis führt zu Gotteserkenntnis!

Solches Wissen erlangen wir jedoch nur durch die Fähigkeit, Wirklichkeit wahrzunehmen, also »für wahr zu nehmen«. Denn so gelangen wir zur EIN-SICHT!

In dem Maße, wie dies geschieht, entsteht »Selbst-Bewusstsein«. Wir leben dann im Bewusstsein unseres wahren Selbst. Damit sehen wir ganz klar unsere einzige Freiheit, die Freiheit vom Irrtum!

Wenn Sie bereit sind, Ihre Persönlichkeit in aller Ehrlichkeit anzunehmen, Ihre Stärken zu nutzen und Ihre Schwächen zu überwinden, so können Sie damit beginnen, eine Persönlichkeits-BILANZ zu erstellen!

Auf der einen Seite erkennen Sie Ihr REAL-ICH, auf der anderen Seite aber bestimmen Sie Ihr IDEAL-ICH, und Sie versuchen, es zu verwirklichen.

Beantworten Sie sich, vielleicht besser sogar schriftlich, folgende Fragen:

- Was habe ich bereits als richtig erkannt?
- Was bin ich bereit zu ändern? Wann bin ich bereit, dies zu tun?
- In welcher Form ändere ich mich? Wie kann ich mich in meiner Absicht bestärken? Wie kontrolliere ich die Änderung?
- Von welchen Angewohnheiten oder Denkgewohnheiten sollte ich mich trennen?
- Von welchen Bekannten sollte ich mich trennen?

So gibt es noch viele andere Fragen, welche Sie sich ehrlich stellen und beantworten könnten und sollten, um eine bessere und klarere Vorstellung von Ihren Wünschen, Mitteln, Zielen und deren Verwirklichung zu bekommen.

Nachdem Sie so eine Bilanz Ihrer Persönlichkeit erstellt haben, kommen Sie folgerichtig zur nächsten Stufe:

3. Die Zielbestimmung

Sicherlich kennen Sie die Geschichte von Petrus, der an der Himmelstür die Menschen fragt, was sie denn in ihrem Leben so getan hätten. Stellen Sie sich nun vor, Sie seien derjenige, der dort steht, um über sein Leben zu berichten.

- Was möchten Sie dann antworten können, was möchten Sie in Ihrem Leben geschaffen, vollbracht oder geleistet haben?

Vor der Himmelstüre ist es zu spät, um etwas zu ändern, aber jetzt haben Sie noch die Möglichkeit, Ihr Leben nach Ihren Wünschen und Vorstellungen zu gestalten! Deshalb machen Sie von Ihrem Leben einen Plan. Genau wie bei der Persönlichkeitsbilanz stellen Sie auch jetzt wieder Ihr REAL-LEBEN Ihrem IDEAL-LEBEN gegenüber. Auch hier ist es ratsam, dies schriftlich zu tun, um die Übersicht zu behalten.

Von allem, was mit Ihrem Leben zu tun hat, sollten Sie ein Idealbild erstellen, an dem Sie absehen können, inwieweit Ihr Leben schon diesem Endziel entspricht. Ihr Familienleben, der Beruf, der finanzielle oder ideelle Erfolg, Reisen, die Sie getan haben möchten, Erlebnisse, die Sie durchlebt haben möchten, oder Kenntnisse, welche noch zu erwerben sind, das alles sollte in seiner idealen Form ganz konkret vor Ihrem geistigen Auge bestehen, damit Sie daran arbeiten können.

Die nächste Frage ist natürlich:

- Mit welchen Mitteln kann ich diese Ziele erreichen?

Notieren Sie auch hier ganz genau die Bedingungen, Voraussetzungen oder Leistungen, die notwendig sind, um Ihr gestecktes Ziel zu erreichen.

- Was muss erst geschaffen werden?
- Was muss geändert werden?
- Was möchte ich erreichen und
- wie, wo oder wann?

Schaffen Sie in Ihrer Vorstellung ein ganz klares Bild. Bevor unsere Wünsche erfüllt werden können, müssen wir ja erst wissen, was wir wirklich wollen!

Bedenken Sie, dass Sie nicht allein sind auf der Welt. Durch eine gezielte Zeitungsanzeige lernen Sie vielleicht jemanden kennen, der Ihnen behilflich sein kann, zumindest aber jemanden, der das gleiche Ziel verfolgt und mit dem Sie sich zusammentun können. So wird es möglich, Erfahrungen auszutauschen oder auch sich gegenseitig zu helfen und zu ergänzen.

Der nächste Schritt, nachdem Sie einen Lebensplan aufgestellt haben, der Ihnen das Ziel vor Augen führt, ist, einen Tagesplan zu erstellen, mit dem Sie festlegen, wann und wie Sie einzelne Teilziele erreichen wollen. So wird Ihnen in jedem Moment Ihres Lebens bewusst, was zum Erreichen Ihrer Wünsche und Ziele förderlich ist und was besser vermieden werden sollte.

Wenn Sie auf diese Weise verfahren, so bestimmen Sie ganz bewusst und schon jetzt, was Sie vielleicht Ihren Enkelkindern später einmal erzählen werden bzw. was Sie Ihnen einmal erzählen können möchten!

Denn die einzigen Hände, die verlässlich an Ihrem Schicksal arbeiten und Ihre Ziele verwirklichen können, befinden sich am Ende Ihrer Arme.

4. Das geistige Erbe

Vielleicht fehlen Ihnen zur Verwirklichung Ihrer Wünsche bestimmte Kenntnisse, Erfahrungen oder ein bestimmtes Wissen. Zu allen Zeiten gab es überall auf dieser Erde Wissende, die hohe Einsicht hatten in die Zusammenhänge, die in unserer Welt und unserem Leben wirken.

Menschen wie Jesus, Buddha, Konfuzius, Laotse, Pythagoras, Aristoteles oder Sokrates und viele andere hatten nicht nur ein sehr tiefes Wissen, sondern haben ihre Erkenntnisse auch niedergeschrieben.

Die Erkenntnisse, die in den Werken dieser Wissenden und Denker niedergeschrieben sind, sind nicht dafür bestimmt, in den Bibliotheken zu verstauben. Vielmehr sollten wir an diesen Erfahrungen teilhaben. Nutzen Sie das, was andere vor Ihnen für Sie geleistet und vorbereitet haben. Nehmen Sie diejenigen Erkenntnisse und Erfahrungen heraus, welche für Sie und Ihr Leben wertvoll sind, Sie weiterbringen können, und bauen Sie darauf auf.

Es ist hierbei nicht einmal wichtig, dass Sie diese Erkenntnisse rein intellektuell verarbeiten; Sie müssen manche Aussagen nicht einmal ganz verstehen. Es kann auch sehr hilfreich und förderlich sein, Bibelzitate oder Sätze aus anderen Werken zu kontemplieren, sie innerlich zu betrachten, sie auf sich wirken zu lassen, ohne mit dem Verstand einzugreifen. Auch dies kann Sie zu Einsichten führen, die Sie vielleicht nicht formulieren können, die aber als Eindruck in Ihrem Bewusstsein gespeichert sind.

So treten Sie das geistige Erbe der Menschheit an und nutzen es zu Ihrem Vorteil.

5. Richtiges Atmen

Der nächste Schritt zur Selbstverwirklichung mag Ihnen etwas ungewöhnlich vorkommen – es handelt sich um das richtige Atmen. Sie werden denken, richtig zu atmen sei eine Selbstverständlichkeit für den Menschen, weil er es instinktiv richtig macht. Das ist aber nicht so. Atmen ist eine Kunst. Dies wird durch einige aufschlussreiche Beobachtungen deutlich:

Im Tierreich gibt es einen direkten Zusammenhang zwischen dem Atemrhythmus und der durchschnittlichen Lebenserwartung einer Gattung. Kleintiere mit kurzer Lebenserwartung sind **Kurzatmer**, und auch der Herzschlag dieser Tiere ist sehr schnell. Tiere mit längerer Lebensdauer sind **Langatmer** und haben einen sehr ruhigen Herzrhythmus. Dementsprechend sind Tiere mit kurzer Atmung und Herzfrequenz auch unruhiger, Tiere mit langer Atemfrequenz ruhiger, bedächtiger.

Wie im Tierreich, so gibt es auch unter den Menschen Kurz- und Langatmer. Auch hier können wir beobachten, dass Kurzatmige eher unruhig, zerfahren und nervös, Langatmige eher ruhig, gelassen und bedächtig wirken. Denn es besteht eine direkte Verbindung zwischen dem Denken des Menschen und seiner Atmung.

Wenn wir aufgeregt sind, vielleicht eine unangenehme

Nachricht erhalten haben, so helfen wir uns, indem wir erst einmal »TIEF LUFT HOLEN«. Ein anderes Mal bleibt uns bei großer Aufregung »DIE LUFT WEG«.

Beobachten Sie einmal Kranke oder stark gehemmte Menschen, und Sie werden feststellen, dass alle diejenigen, die aus dem Gleichgewicht sind, in Angst oder unter Stress leben, Kurzatmer sind und daher relativ schnell und oberflächlich atmen. Durch das TIEF-LUFT-HOLEN können wir uns auf der Stelle beruhigen oder für eine Aufgabe konzentrieren. Wie unsere innere Haltung und unsere Gedanken ständig unsere Atmung beeinflussen, so kann die Atmung, die bewusste Atmung, auch auf unser Innenleben, unsere Gedanken einwirken. Nicht umsonst wird im Yoga oder auch im Kampfsport der Atmung eine so große Bedeutung beigemessen.

Unsere Atmung hängt, wie schon erwähnt, von der inneren und äußeren Haltung ab. Wenn wir innerlich in Ordnung, im Gleichgewicht sind, so ist auch unsere Atmung gut. Bringen wir unsere Atmung in Ordnung, z. B. durch bewusste Übung, so bringen wir auch unser Innenleben ins Gleichgewicht.

Versuchen Sie aus diesem Grund einige leichte Atemübungen zu erlernen, die nicht viel Zeit in Anspruch nehmen*. Zumindest aber machen Sie sich Ihre Atmung von

* Die wirksamsten Atemübungen, die auch von Anfängern erfolgreich angewendet werden können, finden Sie auf unserer Kassette »Richtig atmen«.

Zeit zu Zeit für einen kurzen Moment bewusst, nehmen Sie ganz bewusst einige tiefe Atemzüge. Lassen Sie es nur ganz ruhig geschehen. Das ruhige Fließenlassen, das Geschehenlassen der ruhigen Tiefatmung wirkt für Körper und Geist klärend.

6. Gedankendisziplin

Der nächste Schritt ist die Gedankendisziplin. Gedanken sind Kräfte, ja, die größte Kraft des Menschen überhaupt. Denn jede unserer Taten hat ihre Ursache in einem Gedanken, nicht umsonst heißt es:

Wer heute einen Gedanken sät,
erntet morgen die Tat,
übermorgen die Gewohnheit,
danach den Charakter und endlich sein Schicksal.

Doch auch der rechte Umgang mit den Gedanken will gelernt sein. Nutzen wir unsere größte Kraft und damit unsere größte Chance! Lernen Sie, Ihre Gedanken zu beherrschen anstatt von Ihnen beherrscht zu werden. Dies geschieht durch Gedankendisziplin.

Sie kennen sicher die Metapher von dem Glas: Der Optimist sieht es und sagt sich: »Wie schön, das Glas ist ja noch halb voll.« Der Pessimist jedoch denkt sich: »Schade, das Glas ist ja schon halb leer!« Werden Sie ein Optimist und versuchen Sie, die guten Seiten des Lebens zu sehen.

Konzentrieren Sie Ihr Bewusstsein auf das Positive, das Gute, das Schöne.

Stellen Sie in Gedanken einen Wächter vor das Tor Ihres Bewusstseins, der nur gute und edle Gedanken herein- und nur gute und edle Gedanken hinauslässt. Üben Sie sich somit ständig im positiven Denken, denn positive Gedanken können nur positive Wirkungen, positives Schicksal verursachen. Negative, zerstörerische Gedanken aber können auch nur negative Wirkungen schaffen. Handeln Sie darum so, als wären Sie bereits ein Meister im Denken. Setzen Sie sich einen Maßstab, und weisen Sie jeden Gedanken, der diesem hohen Maßstab nicht entspricht, zurück. So machen Sie aus jeder Situation das Beste. Sie werden jedoch die Auswirkungen des positiven Denkens nicht nur spüren, sondern in gleichem Maße auch einen positiven Einfluss auf Ihre Umwelt ausüben. Seien Sie ein Vorbild. Ändern Sie sich selbst – und Sie ändern die Welt.

Zur Gedankendisziplin gehört jedoch auch, nie mehr zu klagen. Denn Klagen hilft Ihnen ja nicht weiter. Vielmehr lassen Sie durch Klagen zu, dass sich negative Gedanken in Ihr Bewusstsein schleichen. Suchen Sie lieber einen Ausweg aus der Situation. So werden Ihre Kräfte richtig genutzt.

Machen Sie abends eine Tagesrückschau und werden Sie sich der Ereignisse des Tages noch einmal ganz bewusst. Wenn Sie sich an eine Situation erinnern, in der Sie nicht so gehandelt haben, wie Sie gerne gehandelt hätten, so überlegen Sie sich, wie der Ablauf optimal gewesen wäre. Stellen Sie sich diesen optimalen Ablauf bildhaft vor, denn dies wird Ihr Verhalten von Mal zu Mal in ähnlichen Situationen zum Positiven hin verändern! Gönnen Sie sich ein imaginäres Erfolgserlebnis. So prägen Sie Ihrem Unterbewusstsein Ihr gewünschtes Verhalten und den gewünschten Ablauf ein.

Betreiben Sie auch mehrmals täglich **Psychohygiene.** Das bedeutet einfach, dass Sie Geschehnisse, die negative Gefühle in Ihnen ausgelöst haben, bereinigen, indem Sie diese Gefühle ganz bewusst loslassen. Trennen Sie sich von Ihrem Gefühlsballast, der das klare Denken behindert, weil er sich immer wieder aufdrängt. Lassen Sie diese Spannungen einfach los. Weg damit! Klar und rein wie ein Bergsee soll Ihr Bewusstsein sein und so den Anforderungen des Tages begegnen! Führen Sie diese Psychohygiene immer dann durch, wenn Sie sich von Gedanken oder Gefühlen trennen wollen, die nicht gut für Sie sind. Denn Sie allein sollen der Herr Ihrer Gedanken und Gefühle sein.

Nutzen Sie das Gesetz von Ursache und Wirkung! Setzen Sie bewusst Ursachen, um die gewünschten Resultate zu erzielen. Nutzen Sie die Bausteine des Lebens so, damit Ihr Leben Ihren Vorstellungen entspricht. »Schöpferische Imagination« kann Ihnen hierbei sehr behilflich sein. Dann sind Sie auch Herr Ihres Schicksals.

7. Meditation

Der siebte Schritt zur Selbstverwirklichung ist die Meditation. Alle Großen dieser Welt, auch Jesus, gingen regelmäßig in die Stille, um sich zum Wesentlichen zu sammeln und die innere Harmonie zu festigen.

Versuchen auch Sie, sich täglich eine kurze Zeit freizuhalten, um sich für wenigstens 15–20 Minuten einmal ganz frei zu machen. Denn so wichtig es bei Ihrer Selbsterkenntnis ist, das wahre ewige Selbst zu erkennen, so wichtig ist es, die Wirklichkeit des Lebens, also das, was im Leben »wirkt«, objektiv zu erkennen. Dies erreichen wir, indem wir unser Selbst während dieser täglichen Meditation ganz zurücknehmen, um auch hier die Eindrücke, die von außen oder aus unserem Inneren an uns herangetragen werden, ohne die Filter des Verstandes oder des Gefühls wahrzunehmen, so wie sie sind.

So erlangen Sie eine bessere Menschenkenntnis, und so werden Sie auch den Wert und Sinn Ihres Lebens besser erkennen lernen. Ihre Perspektive ändert sich, es findet eine Art Blickumstellung statt, und plötzlich sehen Sie klar.

Die Wahrheit und Wirklichkeit selbst ist absolut, aber das, was wir mit unserem Normalbewusstsein wahrnehmen, ändert sich mit unserer geistigen Einstellung – unserem Blickwinkel. Durch Änderung der eigenen Einstellung sind wir also in der Lage, Wirklichkeit – das, was in unserem Leben wirkt – zu ändern.

Durch die Erkenntnisse, die wir mithilfe all dieser Methoden erlangen, erkennen wir nach und nach, dass das Leben für jeden von uns ein ganz individueller Einweihungsweg ist, der uns mit genau den Umständen konfrontiert, die wir brauchen, um uns weiterzuentwickeln.

8. Nicht reden, sondern tun

Sie kennen nun einen Weg, auf dem Sie immer mehr Klarheit über die Prinzipien und Ziele erlangen können, die von nun an Ihr Leben bestimmen sollen. Nach der Erkenntnis folgt jedoch der wichtigere Schritt, die Verwirklichung!

Nachdem Sie während Ihrer Selbsterkenntnis erkannt haben, was für Sie wichtig und richtig ist, nachdem Sie in der Zielbestimmung ein End- und viele Teilziele festgelegt haben und nachdem die Meditation Sie mit der Wirklichkeit konfrontiert hat, gilt es nun, das, was Sie sich vorgenommen haben, auch zu realisieren.

»Nicht reden, sondern tun«, lautet die Devise.

Eine Unze Praxis wiegt schwerer als tausend Tonnen Theorie! Erwarten Sie von sich keine übermenschlichen Leistungen, aber erwarten Sie von sich, dass wenigstens ein Anfang gemacht wird.

Verlassen Sie sich bei Ihren Vorhaben jedoch immer nur auf sich selbst. Erwarten Sie nicht von Ihren Mitmenschen, dass diese die gleichen Ziele verfolgen oder dass sie über die gleichen Erkenntnisse verfügen. Es geht um »Selbstverwirklichung«. Lösen Sie also nach und nach alle Erwartungen an die Umwelt auf und beginnen Sie, selbst alles Erforderliche zu veranlassen und in die Wege zu leiten.

Wenn Sie keine Ansprüche mehr an Ihre Mitmenschen haben, worüber könnten Sie sich dann noch ärgern? Wer soll Sie dann noch enttäuschen, beleidigen oder verletzen? Nur noch Sie selbst sind verantwortlich für Ihren Erfolg.

Darum machen Sie sich auch **frei von Lob oder Kritik.** Nur Sie selbst können beurteilen, ob das, was Sie tun, richtig oder falsch ist. Lob und Tadel können Sie gar nicht mehr berühren, denn Sie handeln immer nach den selbst gesteckten Maßstäben, und niemand kann Ihre Situation so gut beurteilen wie Sie selbst. Das heißt nicht, dass Sie nicht offen sein sollten für konstruktive Anregungen und Vorschläge von außen! Aber die Meinung der anderen kann Sie nicht mehr aus Ihrer Bahn werfen, denn jede Meinung eines anderen ist nur so gut wie dessen Wissen und Erkenntnis.

Im Rahmen Ihrer Psychohygiene versuchen Sie auch, mit allen Menschen, die Sie einmal gekannt haben oder kennen, in Harmonie zu kommen, also mit ihnen Frieden zu schließen. Ist derjenige, mit dem Sie Kontakt aufnehmen wollen, nicht erreichbar oder schon tot, so treten Sie in ein geistiges Zwiegespräch mit ihm oder ihr und bereinigen Sie so die bestehenden Spannungen.

Auf dieser Stufe handelt es sich, wie Sie sehen, darum, praktische Arbeit zu leisten, nicht weiterhin wider besseres Wissen zu handeln, sondern aktiv zu werden und das Richtige auch zu tun.

9. Jederzeit bereit sein zu gehen

Durch die besprochenen Stufen und Schritte lernten Sie, Ihr Potenzial so optimal wie möglich einzusetzen, um im Beruf, bei Ihren geistigen Interessen und überhaupt auf jedem Gebiet Erfolg zu haben.

Nun beginnt aber **die Oberstufe der Selbstverwirklichung.**

Sie werden mit den dargelegten Wegen immer mehr Ihrer Ziele erreichen. Dann aber kommt ein ganz besonderer Schritt, wenn die geistige Entwicklung nicht stagnieren, sondern zu höchster Reife emporsteigen soll: **die Loslösung.**

Bedenken Sie: Irdische Güter, Ruhm und Ehre – all das können Sie nicht mit hinübernehmen in Ihr nächstes Leben. Einsicht, Erkenntnis und die Stufe Ihrer Vollkommenheit beeinflussen jedoch auch Ihre zukünftigen Leben entscheidend. Dies sind unvergängliche Werte.

Es kommt daher der Punkt, an dem Sie sich lösen sollten von Ihren materiellen Wünschen und Zielen, um nicht davon abhängig zu werden. Machen Sie darum Ihr Glück und Ihre Zufriedenheit nicht von der Erfüllung Ihrer Wünsche abhängig. Seien Sie bereit, all dies jederzeit zu verlassen, leben Sie jeden Tag so, als sei es Ihr letzter. Hängen Sie Ihr Herz nicht an Dinge oder Menschen, sondern besinnen Sie sich auf Ihre wahre Aufgabe.

Nutzen Sie die Zeit, die Ihnen zur Verfügung steht, um weiterzukommen. Dies geschieht durch bewusstes Leben, durch Beharrlichkeit im Streben nach Erkenntnissen, innere Freiheit, Gelassenheit, Demut und nicht zuletzt durch Liebe. Die wahre, reine Liebe zu allen Dingen der Schöpfung führt Sie zu einem immer größeren und weiteren Bewusstsein, bis Sie vollkommenes Bewusstsein erlangt haben.

Versuchen Sie einmal **gedanklich in die Rolle eines Meisters und Erleuchteten zu schlüpfen**, um von dieser Warte aus sich und Ihr Leben, Ihre Persönlichkeit und Ihre Entwicklung zu beobachten. So bekommen Sie vielleicht einen Eindruck von dem eigentlichen Maßstab, an dem wir unser Streben messen sollten.

Betrachten Sie alle Gegebenheiten und Umstände immer mehr aus der Sicht von »drüben« und lösen Sie sich allmählich aus den Zwängen des Systems. Lassen Sie die innere Freiheit stetig größer werden, bis Sie vollkommen frei von den Zwängen dieser Welt ist. Dann ruhen Sie in der Mitte Ihres wahren Seins.

10. Liebe deinen Nächsten

Durch diesen außerordentlichen Schritt der Loslösung haben Sie gelernt, sich nicht abhängig zu machen von Ihren eigenen Wünschen und Vorstellungen. So wird auch die nächstfolgende Stufe klar, die sich mit den Worten zusammenfassen lässt: »Liebe Deinen Nächsten.«

Wenn wir unsere eigenen Wünsche zurückgenommen haben, so werden wir immer deutlicher spüren, dass wir auch unseren Mitmenschen gegenüber eine Verpflichtung haben. Wo immer wir können, sollen wir nicht nur unsere Mitmenschen achten und so akzeptieren, wie sie sind, sondern gleichzeitig auch überall dort helfen, wo unsere Hilfe benötigt wird oder wo wir helfen können.

Liebe deinen Nächsten – diese Worte bedeuten, dem anderen die größtmögliche Toleranz entgegenzubringen, ihm mit der Einstellung zu begegnen, dass seine Wünsche und seine Vorstellungen den gleichen Wert und die gleiche Wichtigkeit besitzen wie meine. Jesus misst der Nächstenliebe einen großen Wert bei, wenn er sagt:

»Liebe deinen Nächsten wie dich selbst!«

oder auch in der Form:

*»Was ihr dem Geringsten eurer Brüder angetan habt,
habt ihr mir getan.«*

Darum wollen wir die Einheit erkennen, die uns mit dem anderen verbindet. Wir wollen ständig vor Augen haben, dass wir alle göttlichen Ursprungs und somit vor Gott alle gleich sind. Mein Nächster ist immer der, der gerade meine Hilfe braucht und dem ich helfen kann. Ich gebe ihm meine Hilfe und lasse ihn wieder los, damit ich frei bin, einem anderen Nächsten zu helfen.

11. Dein Wille geschehe – den Eigenwillen loslassen

So ruht unsere Aufmerksamkeit nicht mehr allein auf unserem Streben und unseren Vorstellungen, denn wir beziehen nun unsere Umwelt und unsere Mitmenschen mit ein in unser Denken, unsere Ziele. Wir erfahren die Menschheit als Ganzes und nehmen den Platz im Leben ein, der unserer Aufgabe entspricht.

In dem Maße, wie wir **unser Ego-Bewusstsein zurücknehmen,** kommen wir dann zur nächsten Stufe: der Erfüllung des göttlichen Willens.

Nun sind nicht mehr unsere eigenen Wünsche wichtig, und auch die Wünsche der anderen stehen nicht im Mittelpunkt unseres Bewusstseins. Nun konzentrieren wir uns ganz auf den Leitsatz: »Dein Wille geschehe«. Wenn wir diesen Satz in jedem Augenblick unseres Lebens vor Augen haben und zu verwirklichen suchen, so werden unsere Meditationen immer glückbringender werden, immer erfüllender, da wir uns der göttlichen Wirklichkeit immer mehr öffnen und immer mehr an ihr teilhaben. In jeder Sekunde versuchen wir zu erspüren, was der göttliche Schicksalsplan für den Moment vorsieht und was wir zu seiner Erfüllung beitragen können, wie also unsere augenblickliche Aufgabe lautet.

Wenn wir in diesem rechten Bewusstsein leben, so werden wir feststellen, dass uns das Leben, das Schicksal, immer mit den rechten Aufgaben betraut, uns immer mit dem versorgt, was wir wirklich brauchen und uns ständig durch die Situationen, mit denen es uns konfrontiert, auffordert, die in uns angelegten Fähigkeiten zu entwickeln und zu nutzen, um so unser Leben optimal zu meistern.

12. Der Vater und ich BIN EINS

Nachdem ich meinen Willen ganz losgelassen habe und nur noch seinen Willen verwirkliche, erkenne ich mehr und mehr meine Einheit mit dem Ursprung. Alles Trennende ist aufgehoben – es gibt nicht mehr mich und Gott, sondern der Vater und ich BIN eins. Ich bin endlich nach Hause zurückgekehrt. – Der Vater und ich BIN eins!

Meditation: Der Weg zu mir SELBST

Seien Sie nun ganz bewusst hier. Die Augen sind noch offen, und Sie sind ganz dort, wo Ihr Körper ist. Machen Sie sich bewusst:
Ich werde getragen. Der Stuhl oder die Unterlage trägt mich. Ich lasse los – ich lasse ganz bewusst los. Meine Muskeln sind locker – ich bin ganz gelöst und nehme bewusst meinen Körper wahr. Ich bin ganz bewusst in meinem Körper.
Und nun schaue ich einmal auf einen Punkt. Ich konzentriere die Vielfalt meiner Gedanken auf einen Punkt. Ich sehe nur noch diesen Punkt. Alles andere versinkt ganz weit – ich sehe nur noch diesen Punkt. Der Punkt und ich werden eins.
Und nun schließe ich die Augen und richte mein Bewusstsein nach innen.
Ich beobachte meinen Atem – verändere nichts, beobachte nur. Ich beobachte, wie mein Atem ruhig und gleichmäßig fließt.

Ich nehme ganz bewusst wahr, wie mein Atem ruhig und gleichmäßig fließt.
Und nun lasse ich meinen Atem ganz behutsam tiefer werden. Ganz behutsam atme ich tiefer und tiefer.
Während ich mit jedem Atemzug immer tiefer atme, bestimme ich die Qualität meines Atems. Ich atme ganz bewusst RUHE, GELASSENHEIT, WOHLGEFÜHL.
Jede Zelle meines Körpers ist erfüllt mit Ruhe, Gelassenheit und Wohlgefühl. Ich fühle mich wohl. Ich fühle mich unsagbar wohl.
Ich lasse mich vertrauensvoll in die allumfassende Ordnung und Harmonie hineinsinken. Ein tiefer Frieden erfüllt mich.
In mir ist es nun ganz still.
Ich ruhe in der Mitte meines wahren Wesens.
Ich erinnere mich nun an ein schönes Erlebnis in diesem Leben ...

Ich stelle mir mein Elternhaus vor.
Ich erlebe mich noch einmal dort als Kind und spüre dabei noch einmal das wunderbare Gefühl der Freiheit, Kraft, Gesundheit und Freude ...
Ich stelle mir nun eine Wiese vor. Ich gehe hinein in diese Wiese. Ich fühle dabei das Gras unter den Füßen und spüre die warme Sonne auf meiner Haut.
Ich höre die Vögel singen und ganz in der Nähe ein Wasser rauschen oder plätschern.
Ich rieche ganz bewusst an einer Blume, Blüte oder Frucht.

Ich esse eine Beere oder eine Frucht und nehme bewusst den Geschmack wahr.
Ich nehme die Wiese mit allen Sinnen wahr.
Ganz in der Nähe sehe ich einen Berg. Ich werde mir diesen Berg einmal ganz genau anschauen, denn dieser Berg ist das Symbol meiner Persönlichkeit.
Ich möchte nun auf die Spitze dieses Berges steigen, denn ich will mich in die höchsten Höhen meiner Persönlichkeit erheben.
Ich gehe hinüber zu diesem Berg, und am Fuße dieses Berges beginnt ein Weg. Dieser Weg führt hinauf auf die Spitze. Auf diesem Weg gehe ich nun ganz hinauf. Ruhig steige ich immer höher. Ich steige immer höher bis auf die Spitze des Berges.
Oben, auf dem Gipfel angekommen, wende ich mich der Sonne zu. Ich schließe die Augen, breite die Arme aus – und wende mich ganz der Sonne zu.
Ich bin ganz still und ruhe in der Mitte meines wahren Wesens. Ich fühle mich wohl – unsagbar wohl.
Ich atme jetzt tief ein, und während ich ausatme, stelle ich mir die Zahl sieben und die Farbe ROT vor. Vor meinem geistigen Auge sehe ich jetzt nur noch die Farbe ROT. Während ich dieses satte ROT sehe, entspannt sich nun auch mein Geist. Ich lasse die Gedanken kommen und gehen, aber ich greife sie nicht auf, sondern lasse sie einfach ziehen, vorüberziehen.
Ich atme jetzt wieder tief ein, und während ich ausatme, stelle ich mir die Zahl sechs und die Farbe ORANGE vor. Ganz

deutlich sehe ich vor mir das helle ORANGE. Die Gedanken ziehen vorbei und lösen sich auf. Ich spüre, wie mein Geist sich mehr und mehr entspannt.
Ich atme jetzt wieder ganz tief ein, und während ich ausatme, stelle ich mir die Zahl fünf und die Farbe GELB vor.
Ich genieße dieses leuchtende GOLDGELB und lasse es auf mich einwirken. Ich spüre, wie mein Geist sich noch mehr entspannt. Ich lasse einfach los, lasse vollkommen los und fühle mich wohl.
Ich atme jetzt wieder tief ein, und während ich ausatme, stelle ich mir die Zahl vier und die Farbe GRÜN vor. Dieses klare GRÜN steht deutlich vor mir, und ich gebe mich ganz diesem Eindruck hin. Dabei spüre ich, wie sich mein Geist vollkommen entspannt. Ich bin ganz gelöst und vollkommen frei.
Ich atme jetzt wieder tief ein, und während ich ausatme, stelle ich mir die Zahl drei und die Farbe BLAU vor. Ich spüre, wie sich mein Geist noch mehr löst, wie alle Gedanken verwehen und ich ganz ruhig bin. Nun ist es ganz still in mir. In mir ist es nun ganz still und friedlich.
Ich atme jetzt wieder tief ein, und während ich ausatme, stelle ich mir die Zahl zwei und die Farbe LILA vor. Mein Geist ist nun absolut ruhig. Es kommen keine Gedanken mehr – in mir ist es ganz still. Ich spüre diese wunderbare Stille und gebe mich ganz dieser wunderbaren Stille in mir hin.
Ich atme jetzt wieder tief ein, und während ich ausatme, stelle ich mir die Zahl eins und die Farbe VIOLETT vor. Es ist ein tiefes VIOLETT wie bei Stiefmütterchen. Während ich dieses tiefe VIOLETT vor meinem geistigen Auge sehe, spüre ich in

mir die absolute Stille. Diese Stille erfasst mein ganzes Wesen und füllt mich ganz aus. Ich werde selbst zu dieser absoluten Stille und spüre, wie ich mich in dieser absoluten Stille geistig, seelisch und körperlich erhole und neue Kraft schöpfe. Jede Zelle meines Körpers ist nun durchflutet von frischer Kraft, Gesundheit und Harmonie.
Ich bin nun im Innersten meines wahren Wesens.
Nun stelle ich mir wieder mein Elternhaus vor. Ich sehe ganz deutlich vor mir das Haus, in dem ich aufgewachsen bin. Es ist schön, dieses Haus wieder einmal zu sehen, und ich denke daran, wie froh und ungebunden ich damals war, und bin ganz erfüllt von diesem wunderbaren Gefühl.
Nun stelle ich mir wieder eine Wiese vor und gehe einfach hinein in diese Wiese. Ich spüre das Gras unter meinen Füßen, fühle die warme Sonne auf meiner Haut und höre den Vögeln zu. Ich höre die Vögel zwitschern und nehme die Wiese mit allen Sinnen wahr. Jungbrunnen.
VOGELSTIMMEN
Die Wolken ziehen über den Himmel, und ich höre ein Wasser in der Nähe rauschen. Ich fühle mich wohl – ich fühle mich unsagbar wohl. Ich lege mich auf die Wiese und spüre, wie ich eins werde mit der Natur. Ganz bewusst erkenne ich mich als ein Teil der Ordnung und Harmonie der Natur, und auch ich bin in Ordnung. Ich bin in vollkommener Harmonie mit mir und der Welt. Imagination in der Imagination.
Ich weiß genau, was ich will. Ich rufe mir jetzt einmal Wort für Wort meine vorbereitete Suggestion ins Gedächtnis. Dabei sehe ich den erwünschten Endzustand ganz deutlich und

bildhaft vor meinem geistigen Auge. Wort und Bild sind eins. Ich setze damit jetzt ganz bewusst eine Ursache.
Während ich dieses Bild des erwünschten Endzustandes immer deutlicher vor meinem geistigen Auge sehe, erfüllt mich ein starkes Gefühl der Freude und Dankbarkeit, denn ich weiß, dass damit die Ursache gesetzt ist und die erwünschte Wirkung sich in meinem Leben verwirklicht. Ich bin aus tiefstem Herzen froh und dankbar.
Von nun an liegt es in meiner Hand, mein Leben und mein Schicksal zu gestalten. Ganz bewusst trete ich mein geistiges Erbe an und setze meine Fähigkeiten bewusst ein. Ich gestalte bewusst mein Leben. Ich fühle mich wert, Erfüllung zu empfangen, und identifiziere mich ganz mit dem erwünschten Endzustand.
Behutsam löse ich mich nun wieder aus der Situation ...
Ich kehre zurück ins Hier und Jetzt. Ich öffne die Augen, bin wieder ganz im Hier und Jetzt und fühle mich wohl.
Ich öffne mich ganz diesem Licht, und dieses wunderbare Licht durchflutet mich, durchstrahlt jede Zelle meines Körpers, erfüllt mein ganzes Sein, bis ich selbst zu diesem Licht werde. In diesem wunderbaren Licht erkenne ich nun ganz klar, wo ich stehe und was zu tun ist.
In aller Ehrlichkeit und Offenheit erkenne ich meine Persönlichkeit, meine Stärken und Schwächen ganz klar. Ich erkenne meine wahre Persönlichkeit und akzeptiere sie so, wie sie ist.
Ich habe ein genaues Bild meiner Wünsche und Ziele, und ich sehe dieses Bild in allen Einzelheiten klar vor meinem

geistigen Auge. Mein Ziel ist klar umrissen. Ich weiß, wohin mein Weg mich führt. Schritt für Schritt erkenne ich die Stufen auf meinem Weg zum Ziel. Ich erkenne ganz genau, was zu tun ist, und tue dies mit Freude. Ich ändere, was geändert werden muss, und tue, was getan werden muss, so lange, bis ich mein Ziel erreicht habe. Ganz bewusst setze ich alle Ursachen, sodass jede meiner Handlungen mich meinen Zielen näher bringt.

Ich beschäftige mich mit den Erkenntnissen der Wissenden aller Zeiten und nutze diese Erkenntnisse für MEIN LEBEN. *Von allem nehme ich mir das Beste heraus und verwirkliche es in meinem Leben.*

Meine Atmung ist zu jeder Zeit ruhig, tief und gleichmäßig. Ganz ruhig, entspannt, tief und gleichmäßig. Mit jedem Atemzug spüre ich, wie neue Kraft meinen Körper erfüllt.

Ich beherrsche meine Gedanken und bin mir der Qualität meiner Gedanken ständig bewusst. Ganz bewusst denke ich nur Positives, Schönes und Edles. Der Wächter vor dem Tor meines Unterbewusstseins lässt nur positive und edle Gedanken herein ... und hinaus. Ständig ist mein Bewusstsein erfüllt von freudigen und sonnigen Gedanken. Ich bin glücklich und zufrieden.

Abends sehe ich die Ereignisse des Tages noch einmal vor mir und stelle mir gleichzeitig vor, wie ich in all diesen Situationen optimal und richtig handle. Das Idealbild meiner Persönlichkeit ist ständig in meinem Bewusstsein. Alle störenden und unerwünschten Gedanken und Gefühle lasse ich einfach los. Ich löse das Band und merke, wie frei ich bin.

Frei und unabhängig. Zu jeder Zeit mache ich mich von unerwünschten Gedanken und Gefühlen frei, sodass mein Bewusstsein rein und klar ist. Mein Bewusstsein ist immer rein und klar.

In meiner täglichen Meditation erkenne ich die Wirklichkeit immer klarer und deutlicher. Die Erkenntnis der Wirklichkeit fließt ganz frei und leicht in mich hinein. Während ich mich selbst zurücknehme, fließt Wahrheit ganz ungehindert in mich ein; ich bin ganz erfüllt von Wahrheit und Wirklichkeit.

Alles, was ich als richtig erkannt habe, verwirkliche ich in meinem Leben. Die Wirklichkeit, die ich in der Meditation erkenne und in mich aufnehme, ist nun die Grundlage für mein Schaffen und Streben. Lob oder Kritik berühren mich nicht, ich ruhe sicher in mir, unerschütterlich gehe ich meinen Weg. Doch dabei bin und bleibe ich in Harmonie mit der gesamten Schöpfung und mit allen Menschen.

Materielle Güter, Ruhm oder Ehre werden mir immer unwichtiger. Ich hänge an nichts, ich bin unabhängig und frei.

Ich konzentriere mich mehr und mehr auf meine Vervollkommnung, auf das Wachsen meiner Einsicht und Erkenntnis.

Ich nehme meine eigenen Wünsche mehr und mehr zurück und versuche, auch meinen Mitmenschen auf ihrem Weg zu helfen und zu dienen. Ich freue mich über die Erfolge der anderen wie über meine eigenen.

Nach und nach, immer stärker erkenne ich hinter dem

Schein des Lebens das Wirken der göttlichen Kraft, die die Dinge ordnet und zum Besten fügt.
Ich werde mir dieser Kraft bewusst und stelle mein Leben ganz in den Dienst dieser göttlichen Macht, um in jeder Sekunde den Schicksalsplan meines Lebens optimal zu erfüllen.
Vater, dein Wille geschehe. Dein Wille geschehe.
Ich lasse meinen Willen ganz in Deinen Willen einfließen.
Alles Trennende ist aufgehoben, und ich erkenne meine Einheit mit dem Ursprung allen Seins. Der Vater und ich BIN eins.
Der Vater und ich BIN eins.
Eingetaucht in sein Licht erkenne ich die Vollkommenheit meines wahren Selbst. Ich erkenne in diesem wunderbaren Licht mein wahres Selbst. Ich erkenne, dass ich seit jeher vollkommen war. Ich bin vollkommen, und ich nehme diese Vollkommenheit von nun an für immer in mein Bewusstsein auf.
Ich bin nun durchdrungen und erfüllt von dem Bewusstsein meiner Vollkommenheit. Dieses Bewusstsein der Vollkommenheit erfasst mein ganzes Sein und bestimmt von nun an mein Leben. Jede Zelle ist nun durchstrahlt von dem Bewusstsein der Vollkommenheit, und vollkommene Gesundheit und Harmonie erfüllen mein ganzes Sein. Ich bin aus tiefstem Herzen froh und glücklich. Indem ich die Vollkommenheit in mein Bewusstsein nehme, trete ich mein göttliches Erbe an.
Ich habe mein göttliches Erbe angetreten. Von nun an wird dieses Bewusstsein der Vollkommenheit mein weiteres Leben bestimmen. Dieses Bewusstsein der Vollkommenheit be-

stimmt mein weiteres Leben, erfüllt mich mit vollkommener Gesundheit und absoluter Harmonie.
Ich habe mein göttliches Erbe angetreten und endlich nach Hause zurückgefunden. Ich bin endlich heimgekehrt.
Diese Vollkommenheit durchstrahlt mich und erfüllt mein ganzes Sein. Mehr und mehr werde ich selbst zum Licht – zu einem Licht, das in das Leben meiner Umwelt leuchtet und anderen hilft, den richtigen Weg zu erkennen.
Mein Licht leuchtet immer strahlender, und wo immer ich auch bin, wird die Welt lichter. Ich erkenne den Sinn des Lebens darin, selbst immer heller zu strahlen und anderen zu helfen, den Weg zu finden.
Ich bin aus tiefstem Herzen froh und glücklich, glücklich und dankbar, dass ich mein göttliches Erbe angetreten und endlich heimgefunden habe. Ich bin endlich wieder daheim. Ich habe mein wahres Selbst erkannt und damit den Sinn des Lebens erfüllt. Dafür bin ich dankbar. Aus tiefstem Herzen froh und dankbar.
Ich nehme nun noch einmal ganz bewusst dieses wunderbare Licht wahr, das von nun an mein ganzes Selbst erfüllt. Ich bringe dieses Licht in meine Umwelt – hinaus in meinen Alltag. Ich bin ein Licht, das stets aus dieser ewigen Quelle schöpft und allen Menschen in dienender Liebe hilfreich ist.
Ich löse mich nun allmählich aus diesem Erlebnis und kehre wieder zurück ins Hier und Jetzt.
Froh und dankbar gehe ich nun wieder zurück – den Berg hinunter, zurück zur Wiese. Ich schaue mich dort noch ein-

mal um, nehme alles ganz bewusst auf und kehre dann zurück ins Hier und Jetzt.
Wann immer ich möchte, öffne ich meine Augen und bin wieder ganz im Hier und Jetzt. Ich bin wieder ganz im Hier und Jetzt, aber das Bewusstsein meines wahren Selbst begleitet mich von nun an ein Leben lang. Ich habe es von nun an in der Hand, mich selbst zu verwirklichen, weil ich erkannt habe, wer ich wirklich bin.

5.
Leben im TAO

Von Materie zu Geist. Das führt zum Leben im TAO oder, wie die Chinesen es aussprechen: DAO. Es geht aber nicht darum, die Schwelle zu überschreiten, zaghaft hineinzugehen und sich umzusehen, wie es da wohl sei. Ist man einmal drinnen, gibt es kein Zurück mehr. Man geht entweder hinein und bleibt dort oder man bleibt draußen. Das ist eine Entscheidung für diese Inkarnation. Vielleicht noch weitreichender. Je nachdem, wie schnell Ihre persönliche Evolution ist. Diese Entscheidung können Sie nicht lange vor sich herschieben. Vielleicht nicht einmal den heutigen Tag. Es liegt an Ihnen, zu spüren, wann Sie sich entscheiden. Darum geht es an diesem Punkt. Sind Sie bereit, die Schwelle zu überschreiten? Dann lassen Sie alles Bisherige hinter sich. Sie leben dann jenseits der Schwelle. Das ist Leben im TAO. Das TAO ist ein mächtiger Verbündeter. Leben im TAO bedeutet, im Einklang sein, im Einklang leben mit der stärksten Kraft des Universums. Mit der Wirklichkeit hinter den Dingen. Das ist die Prüfung des Meisters. Dann erst sind Sie Meister – vorher haben Sie keine Chance.

Was ist TAO?

Im Chinesischen gibt es viele Übersetzungen. TAO heißt: »Sein, das Sein, der Weg, das Gesetz«. Das trifft es aber noch nicht ganz. Für unser Verständnis eignet sich wohl am besten: »Die einzige Wirklichkeit hinter allem Sein.« Das ist das TAO. Da ich und wir alle Teil des TAO sind, stehen wir vor einer Entscheidung: Sollen wir zurückkehren in die Illusion des Körpers, des Egos, des Verstandes, des Gemüts, der Persönlichkeit, oder wird dieser Teil der Wirklichkeit, der wir sind, wieder Teil der einen Wirklichkeit, die ist? Das ist das Überschreiten der Schwelle.

Manche nennen das eine geistige Geburt und sagen: »Das ist ein Prozess.«

Es ist aber kein Prozess. Es ist ein Augenblick. Erst war ich davor. Dann bin ich dahinter. Ich kann zurückschauen. Ich kann wieder zurückgehen, aber nicht mehr ungestraft. Ich gehöre da nicht mehr hin.

Wenn ich also diese Schwelle überschreite, gehe ich in die Schwingung der Wirklichkeit. Wenn ich zurückgehe in die Illusion, gehe ich in die Disharmonie. Die Diskrepanz ist so groß, dass nichts mehr stimmt. Dann kann ich auch krank werden – oder es geschieht etwas anderes. Die Wahl habe ich dann nicht mehr.

Evolution ist eine Einbahnstraße. Ich kann nicht sagen: »Ach, ich überlege es mir noch einmal. Ich weiß ja jetzt, wo die Schwelle ist. Ich schaue mir das mal an.«

Ich kann an dem Punkt, an dem ich stehe, nicht stehen

bleiben. Wenn ich mich dafür entscheide zu sagen: »Ich bleibe mal zur Vorsicht. Ich schaue erst mal, wie die anderen gehen, dann sehe ich weiter«, falle ich zurück. Ich muss mich also entscheiden.

TAO ist etwas, das man mit Worten nicht mehr beschreiben kann. TAO, über das etwas ausgesagt werden kann, ist nicht das absolute TAO. Sie sind aber in der Lage, die Energie dieser Information wahrzunehmen, die Energie des TAO.

Wu-Wei: absichtslos handeln

Zu dieser Entscheidung, zum Leben im TAO, gehört auch das Wu-Wei. »Wu« ist die Verneinung und »Wei« bedeutet »tun«. Deswegen wird Wu-Wei immer übersetzt mit »Nicht-Handeln« oder »Nicht-Tun«. Das ist jedoch nicht richtig. Das hört sich so an wie: Der Meister legt die Hände in den Schoß und lässt den lieben Gott einen guten Mann sein und hat nichts mehr zu tun.

Doch genau das ist Wu-Wei nicht. Wu-Wei ist zu unterscheiden zwischen zwei Qualitäten des Tuns, nämlich:

> Geschehen lassen
> und geschehen machen.
> Das sind die Tätigkeiten
> des Meisters.

Als Instrument der Unterscheidung braucht der Meister die Wahrnehmung. Ich muss also in jedem Augenblick unterscheiden: Bin ich jetzt aufgerufen einzugreifen? Ich bin ja ein Teil der Wirklichkeit. Ich bin die Hand, das Auge, der Arm der Wirklichkeit. Bin ich jetzt als Wirklichkeit aufgerufen, hier einzugreifen? Also, geschehen zu machen? Ich sage absichtlich nicht »tun« – »bewirken«. Es ist der Unterschied zwischen werken und wirken.

Solange ich noch werke, tue ich ein Werk. Ich habe ein Ziel und arbeite darauf hin. Da ist jemand, der dieses Ziel anstrebt. Ein Ich – ich erreiche es oder ich erreiche es nicht. Ich scheitere. Dann bin ich im Werken.

Im Wu-Wei bin ich im Wirken. Das heißt, die Dinge geschehen durch mich. Ich nehme aktiv teil. Ich tue das, was notwendig ist. Aber ich handle nicht als ICH, sondern ich handle als Teil der Wirklichkeit. Ich bin Botschafter und Ausdruck der Wirklichkeit. Es ist die Wirklichkeit, die handelt, die geschehen macht und geschehen lässt. Das heißt, es ist kein eigenwillig Handelnder mehr da. Das ist Wu-Wei.

Die Chinesen übersetzen es auch noch mit: »nicht berechnend handeln«, »absichtslos handeln«.

Es ist ein Anfang. Es ist weit mehr, als nicht nur nicht berechnend handeln.

Sobald Sie also im Wu-Wei sind, in dieser Kombination zwischen Geschehen-lassen und Geschehen-machen, können Sie aufhören sich Gedanken über Ihre Probleme zu machen. Es sind keine mehr da, und es kommen keine mehr hinzu.

Wenn Sie in eine Situation kommen, in der Sie denken, dass in der Vergangenheit schon etwas verursacht worden sein muss, damit etwas in der Gegenwart geschieht, dann werden Sie feststellen, dass das TAO bereits gehandelt hat. Die Dinge sind bereits veranlasst worden. Es hat sich bereits gefügt. Sie brauchen sich keine Sorgen zu machen. Wenn Sie im Wu-Wei sind, genügt es, sich die Aufgabe bewusst zu machen. Den Rest können Sie dem TAO überlassen.

Es kann sein, dass das TAO durch Sie einen Teil oder das Ganze erledigt. Aber Sie brauchen es nicht zu entscheiden. Sie sind einfach nur in der Wirklichkeit und lassen Wirklichkeit durch sich geschehen.

Diesseits oder jenseits der Schwelle?

Stellen Sie sich vor, Sie gehen an jemandem vorbei, und ein Mensch, der Sie begleitet, sagt: »Aber warum haben Sie jetzt nicht geholfen? Der braucht doch offensichtlich Hilfe.« Sie werden erkennen, dass Sie nicht dazu aufgerufen waren. Das war nicht Ihre Aufgabe. Vielleicht braucht diese Person genau diese Lektion. Vielleicht braucht sie die Hilflosigkeit. Vielleicht braucht sie den Schmerz, das Leid. Vielleicht braucht sie die Ohnmacht.

Aber das ist nicht Ihre Entscheidung. Sie sind in der Wirklichkeit, und die Wirklichkeit greift nicht ein. Ein anderes Mal besteht offensichtlich gar keine erkennbare Not, Sie greifen jedoch ein und ändern die ganze Situation.

Wenn Hilfe gebraucht wird, dann gehört es zur Wirklichkeit, dass Sie Hilfestellung geben. Wenn nicht, dann wissen Sie nicht nur, dass Sie nicht aufgerufen sind, obwohl dieser Mensch eigentlich Hilfe benötigt, sondern Sie wissen auch: Es geschieht nichts.

Sie fahren z. B. an einer Unfallstelle vorbei und wundern sich vielleicht, weil ein Rest Persönlichkeit sagt: »Moment, was machst du da? Du hilfst doch sonst immer.«

Jenseits der Schwelle stellt sich die Frage zum Helfen nicht, und diesseits der Schwelle gibt es keine Lösung.

Es gibt einen Film über einen blinden Meister. Sie sollten sich diesen Film einmal anschauen, um diese Thematik noch tiefer zu verstehen: eingreifen oder nicht.

Da ist also ein Meister. Er sitzt irgendwo am Feuer und spielt auf seiner Flöte. Es kommen ein paar Räuber und sagen: »Mit dem Blinden haben wir ja leichtes Spiel. Den werden wir jetzt ausplündern.«
Natürlich ist der blinde Meister in der Wahrnehmung. Er nimmt also wahr, was um ihn herum geschieht. Seine Flöte ist nicht nur eine Flöte. Sie ist auch ein sehr kräftiger Stock. Jetzt kommt der erste Vagabund und will die Tasche des Meisters wegnehmen. Der setzt seine Flöte kurz ab und gibt dem Angreifer eine passende Antwort.
Nach kurzer Zeit hat er dann ganz elegant und mit sparsamen Bewegungen, weniger kann man nicht tun, sich aller Angreifer erledigt. Er hat sogar zwischendurch weiter auf seiner Flöte gespielt, sich nicht aus der Ruhe bringen lassen. Er hat nur das eben Notwendige getan.

Wie man eine Fliege verscheucht – dann hat er sein Spiel fortgesetzt und alle drei Vagabunden außer Gefecht gesetzt.

Noch eine Szene:

Der Meister bekam eines Tages einen Schüler – und das sind eben die beiden Kräfte: einer, der jenseits der Schwelle ist, und einer, der diesseits der Schwelle ist. Derjenige, der diesseits der Schwelle ist, versucht dauernd das zu beurteilen, was der Meister jenseits der Schwelle tut. Sein Schüler kommt natürlich überhaupt nicht damit zurecht: »Meister, so geht das doch nicht.«
Ein Beispiel: Sie kommen an einen Fluss und der Fährmann sagt: »Auf der anderen Seite des Flusses ist Krieg. Ich traue mich nicht, dich überzusetzen. Aber ich gebe dir mein Boot, damit du übersetzen kannst. Du kannst es ja dann am Seil loslassen, und ich kann es zurückziehen.«
Die Frau des Fährmanns fleht ihn an: »Tu das nicht! Wenn du dein Boot verlierst, hast du nichts mehr, mit dem du deinen Lebensunterhalt verdienen kannst. Wir werden verhungern. Es sind sowieso schwere Zeiten.«
Der Fährmann antwortet: »Nein, die beiden, Meister und Schüler, möchten auf die andere Seite. Da muss ich einfach helfen.«
Das Boot kommt, der Meister setzt über, der Schüler rudert. Drüben will der Schüler gerade das Seil wieder anbinden, da tritt der Meister ein Loch in den Boden des Bootes, und das Boot geht unter.
Der Schüler ist verwundert. Er sagt: »Das ist nun wirklich

nicht meisterlich! Die beiden haben uns eben noch ihre ganze Angst mitgeteilt, und jetzt machst du es schlimmer, als sie befürchtet haben. Warum nimmst du diesen Menschen die Existenzgrundlage?«

Der Meister gibt dem Schüler eine klare Antwort: »Ganz einfach, wenn dieses Boot noch brauchbar gewesen wäre, würden der Fährmann und seine Frau nicht mehr lange am Leben sein. Die Krieger hätten mit dem Boot übergesetzt, das feindliche Heer hätte den Fährmann mit seiner ganzen Familie getötet. Ich habe ihnen gerade das Leben gerettet.«

Der Schüler fragt: »Welche Krieger?« Und der Meister antwortet: »Hörst du nicht?« Er selbst hörte, doch für den Schüler war nichts zu hören, und er wollte gerade sagen: »Ich höre nichts.«

Da kamen die Krieger auch schon von allen Seiten. Mit ihren Pferden tauchten sie hinter den Hügeln auf. Der Schüler rannte davon, um sich zu verstecken, während der Meister nur einen Schritt zur Seite machte und sich hinter einen Baum stellte. Der Meister war mit dieser kleinen Bewegung hinter dem Baum und aus dem Bild. Das Heer bewegte sich. Alle rannten, schrien und fackelten. Der Meister war nicht zu sehen. Der Schüler rannte um sein Leben und versteckte sich. Er war eben auch in dieser Situation diesseits der Schwelle. Er schaffte es mit Müh und Not, sein Leben zu retten. Der blinde Meister hat dafür nur einen halben Schritt getan.

In diesem Film passierten immer wieder Dinge, anhand derer der Schüler die Sicht des Menschen diesseits der

Schwelle anspricht: »Meister, wie konntest du nur?« Und der Meister erklärt die Dinge dann aus der Sicht jenseits der Schwelle.

In einer anderen Szene kamen sie durch ein Dorf, und dort lebte ein schöner Jüngling. Die Eltern kämmten ihn, und er war großartig in seiner Schönheit. Der Meister ging an dem Jüngling vorbei und gab ihm einen Fausthieb, dass ihm die Nase platze. Er hatte danach eine flache Nase wie ein Pekinese, und das Blut spritzte heraus.
Wieder sagte der Schüler: »Meister, du hast diesem armen Jungen die Schönheit zerstört und ihm Schmerz zugefügt. Er hat dir doch absolut nichts getan.« »Darum geht es nicht«, sagt der Meister. »Ich habe gerade sein Seelenheil gerettet. Er wäre nämlich sonst seiner Eitelkeit verfallen. Er war der Schönste im ganzen Lande. Das ist jetzt vorbei. Er ist jetzt wieder zur Vernunft gekommen.«

Weshalb ich das erzähle: Wenn Sie jenseits der Schwelle sind, wird es Ihnen genauso ergehen. Es werden immer wieder Menschen diesseits der Schwelle kommen und sagen: »Fehler, falsch, unmenschlich, ohne Mitleid, zu hartherzig, gedankenlos.« Was auch immer. Sie stehen vor der Entscheidung, ob Sie eine Erklärung dazu abgeben oder nicht.

Es ist wieder eine Entscheidung der Wirklichkeit. Manchmal werden Sie wortlos weitergehen, weil es keinen Sinn hat. Ein anderes Mal werden Sie dem anderen sagen: »Das geschieht, weil …« Wie auch immer. Sie haben Ihre innere Gesetzmäßigkeit. Wenn Sie die Schwelle überschritten haben, tun Sie, was zu tun ist.

Um diese beiden Dinge zur rechten Zeit zu tun, brauchen Sie ein Unterscheidungsvermögen. Um dieses Unterscheidungsvermögen zu haben, müssen Sie auch physisch jenseits der Schwelle leben. Das heißt, hinausgehen und draußen bleiben!

Leben aus der Bewusstheit

Als Meister brauchen Sie den ständigen Kontakt zur Intuition. Intuition ist ja nichts anders als die ständige Leitung zur Wirklichkeit. Sie sollten jederzeit Ihr Bewusstsein darauf richten. Sofort kommt über diese Leitung genau die Information, die jetzt der Wirklichkeit entspricht.

Machen Sie das jetzt einmal so zügig, wie Sie können: Es geht um die Schritte der Erinnerung. Wobei jeder Schritt, wenn Sie wollen, eine ganze Philosophie ist:

Ich nehme mich ganz bewusst wahr. Sich und die eigene Wirklichkeit ganz bewusst wahrnehmen kann eine Aufgabe für eine oder mehrere Inkarnationen sein. Wahrnehmen heißt nicht, sich vorstellen. Nicht denken, sondern die innere Wirklichkeit spüren. SEIN! Ich empfinde mich als mich selbst. Ich erkenne mich. Ich erlebe mich als mich SELBST.

Damit überschreite ich die Schwelle. Machen Sie hierzu noch einmal folgende Übung:

Ich bin nicht mehr der Körper. Nicht mehr der Verstand. Nicht mehr die Persönlichkeit. Ich erlebe mein wahres Sein. Als dieses wahre Sein nehme ich jetzt meinen Körper wahr. Das heißt, ich selbst schaue auf meinen Körper, nehme diesen Körper mit allen Sinnen wahr. Dann nehme ich ihn bewusst in Besitz. Ich selbst, pure Bewusstheit, gehe in meinen Körper, schlüpfe hinein wie in einen Handschuh, nehme ihn bewusst in Besitz.

Ich durchdringe und erfülle meinen Körper bis in jede Zelle mit Bewusstsein. Da sind 100 Billionen Zellen, und diese erfülle ich jetzt gleichzeitig mit dieser Bewusstheit – sodass jede Zelle meines Körpers von purer Bewusstheit erfüllt ist.

Als diese pure Bewusstheit nehme ich meinen Körper überall gleichzeitig wahr. Es ist wie beim Hineinschlüpfen in den Handschuh. Ich spüre jede Stelle meiner Hand gleichzeitig. So spüre ich jetzt einmal jede Stelle meines Körpers gleichzeitig. Dann mache ich mir meinen Atem bewusst, lasse meinen Atem ruhig werden. Ich atme tief und gleichmäßig und konzentriere in einem nächsten Schritt die Vielfalt meiner Gedanken auf einen Punkt. Ich beobachte meinen Atem. Ich lasse ganz bewusst alles andere los. Es gibt jetzt nur noch die Beobachtung meines Atems. Ich verändere nichts, beobachte nur.

Kommt trotzdem ein anderer Gedanke, sage ich: »Jetzt nicht. Jetzt beobachte ich meinen Atem.« Ich führe mein Bewusstsein wieder zurück auf die eine Tätigkeit, lasse geschehen. Ich beobachte meinen Atem. Ich verschmelze ganz mit meinem Atem. Ich werde zu meinem Atem. Ich bin der Atem.

Als Atem atme ich jetzt einmal mit meinem ganzen Körper. Atme auch mit meinem Gehirn und atme über meinen Körper hinaus. Ich gehe als Atem über meinen Körper hinaus. Erlebe bewusst, dass der Atem einfach geschieht. Erkenne, nicht ich atme, sondern es atmet mich. Es atmet mich.
So lasse ich den Atem einfach geschehen. Dann lasse ich mich los. Bin reine Wahrnehmung. Da ist kein Körper mehr, kein Atem, kein Ich. Ich erlebe mich als reine Existenz. Vollkommenes Dasein.
Ich mache mir bewusst, ich bin ganz da. Aber ich bin nur noch Dasein. Ich bin weder dies noch das. Ich bin nicht einmal mehr alles. Ich bin mit nichts mehr identifiziert. Es gibt nur noch reines Dasein.
Ich erlebe mich als reine, vollkommene Existenz. Ich bin pure Bewusstheit.

Als diese pure Bewusstheit kehre ich wieder zurück in diesen Augenblick. Zurück ins Hier und Jetzt. Als diese pure Bewusstheit nehme ich mein Werkzeug Körper ganz bewusst in Besitz. Trete wieder als Persönlichkeit in Erscheinung und spüre, wie Körper und Persönlichkeit erfüllt sind von dieser puren Bewusstheit des »Ich Bin«. Spüre auch, wie Körper und Persönlichkeit sich durch diese Bewusstheit ständig verändern. Wie Körper und Persönlichkeit immer mehr ein vollkommener Ausdruck dessen werden, der ich wirklich bin.

Damit erkenne ich: Jenseits der Schwelle ist das Ich, der Verstand, die Persönlichkeit – alles ist plötzlich nur ein Teil des Selbst. Ohne Selbst (bzw. ohne es zu erfahren) ist jedoch alles Illusion. Wenn ich jetzt mein Wahrnehmungszentrum über meinem Kopf habe, wenn mein Energiekörper zwei Meter groß ist, dann ist es ganz einfach, ständig in der Intuition zu bleiben. Es gibt nichts zu tun. Ich bin immer auf Empfang.

Jetzt kann ich das Wu-Wei praktizieren. Ich kann in jedem Augenblick unterscheiden: Es ist meine Aufgabe geschehen zu lassen oder geschehen zu machen. Beides ist Ausdruck der Wirklichkeit. Beides stimmt. Dazu sollte ich das Geheimnis der spirituellen Manifestation kennen.

Das universelle Prinzip der spirituellen Manifestation

Wo immer ich als Schöpfer aufgerufen bin, ist nichts zu tun. Geschehen machen heißt: Indem ich jenseits der Schwelle bin, erkenne ich, wo die Realität von der Wirklichkeit abweicht, wo ich also Realität hin zur Wirklichkeit verändern sollte. Ich erkenne den gewünschten Endzustand. So wie es von der Schöpfung gemeint ist. Ich definiere exakt, wie es gemeint ist.

Dann gehe ich in die Energie des erfüllten Wunsches. Geschehen machen heißt: Im gleichen Augenblick, in dem der Mangel erkannt ist, ist er behoben. Ich bewege mich nicht zum Ziel hin, sondern vom Ziel aus. Ich gehe in die Energie des erfüllten Wunsches. Ich habe den erfüllten

Endzustand im Bewusstsein. Ich erkenne: So meint es die Schöpfung – und ich bedanke mich für die Erfüllung. Spüre also die Energie: Es ist vollbracht, es ist geschehen.

Nehmen Sie irgendeine Situation Ihres Lebens. Einen erwünschten Endzustand. Ob es sich um eine große oder kleine Sache handelt, spielt keine Rolle. Nehmen Sie einfach etwas in Ihr Bewusstsein, was in Ihrem Leben zu verändern ist, etwas, das nicht stimmt und anders werden soll.

In dem Moment, in dem Sie in die Energie des erfüllten Wunsches gegangen sind, haben Sie die Wirklichkeit geschehen gemacht. Es ist abgeschlossen, erledigt. Es wird Teil des TAO, und dieses TAO teilt sich jetzt mit. Vielleicht auch durch einen anderen Menschen. Möglicherweise werden Sie überhaupt nicht mehr involviert. Sie wissen nichts davon. Sie haben nichts getan, weil die Wirklichkeit nicht durch Sie handelte. Sie waren nicht aufgerufen.

Aber das TAO hat alles erledigt. Ganz gleich, was es ist. Sie haben keine Wahl mehr. Das ist der Nachteil der Vollkommenheit. Es gibt keine Wahl mehr. Jenseits der Schwelle haben Sie nie mehr eine Wahl. Es gibt nur noch Vollkommenheit.

Wann immer der Rest Ihrer Persönlichkeit Sie davon abhält, etwas zu tun, stecken Sie gerade in Schwierigkeiten, haben wieder Karma verursacht. Sie sind wieder in die Eigenwilligkeit gegangen. Damit haben Sie sich vom TAO getrennt. Dafür sind Sie auch selber verantwortlich.

Vor der Schwelle interessiert sich der Mensch dafür, was

er will. Seine Sicht der Dinge. Seine Meinung. Seine Wünsche. Seine Hoffnung. Seine Ziele. Jenseits der Schwelle gibt es kein Sein, Mein, Ich, sondern es gibt das Eine, und in dem Einen hat man dieses oder jenes zu tun. Man kann es immer noch verweigern. Aber damit geht man wieder in Eigenwilligkeit und in das Karma.

Ich bin das Ganze. Ich bin die eine Kraft. Ich spüre, wie diese eine Kraft durch jeden Teil in Erscheinung tritt. Auch wie sie durch mich in Erscheinung treten will. Was ich zu tun habe, ist, geschehen zu lassen. Also einverstanden zu sein mit einem Geschehen. Das kann ein Schmerz sein, ein Leid, eine Tierquälerei. Oder bin ich zum Eingreifen aufgerufen? Aber Eingreifen heißt nicht: Ich werfe mich dazwischen, ich mache eine Anzeige, ich tue …, sondern es heißt geschehen machen: in den erwünschten Endzustand, in den Sollzustand, in das Stimmigsein gelangen.

Ich nehme die Situation des Stimmigseins ins Bewusstsein. Ich halte diesen erfüllten Endzustand als erfüllt fest. Ich tue so, als ob ich von einer Sekunde zur anderen als vollkommener Meister die Erfüllung bereits verwirklicht hätte, was auch tatsächlich auf der Kausalebene geschehen ist. Ich führe also im Bruchteil einer Sekunde Erfüllung herbei und gehe nur noch in diese Energie der Erfüllung und halte diese Energie fest. Ich erlebe mich am Ziel. Es ist vollbracht.

Nehmen Sie also irgendeine Situation in Ihrem Leben, die Sie für veränderungswürdig, oder veränderungsnotwendig halten. Spüren Sie, wie es stimmen würde. Unterscheiden Sie deutlich: »So hätte ich es gerne, und so würde es stimmen«. Es kann sein, dass beides identisch ist: Dass Sie es auch gerne so hätten, wie es stimmen würde.

Aber es muss nicht sein. Sehr oft handelt es sich um zwei Botschaften. Sie machen sich also bewusst: So ist es. So würde es stimmen. Danke, dass es jetzt so ist. Dann sagen Sie: »Es ist vollbracht«!

Gehen Sie in dieses Ziel und halten Sie diese Energie fest. Minutenlang – und schauen Sie einmal, was geschieht.

Sie gehen also in die Energie des erfüllten Wunsches und bleiben darin. Halten diese Energie fest. Es kann sein, dass so etwas auftaucht wie »darum ringen müssen«. Dass Sie sich bemühen wollen, dieses Bild festzuhalten. Bleiben Sie dran. Solange Kraft fließt, bleiben Sie dort, bis Sie spüren: Jetzt ist es vollzogen.

Die Kraft hört auf zu fließen? Dann können Sie aufhören. Es kann eine halbe Stunde dauern. Wichtig ist, dass Sie den Fluss der Kraft spüren. Mit zunehmendem Leben jenseits der Schwelle wird es nach einiger Zeit immer so sein, dass es nur Sekunden dauert.

Es kann sein, dass Ihre Persönlichkeit versucht, deren Vorstellung mit hineinzumogeln. Und versucht, dass Sie das geschehen machen. Dann müssen Sie erkennen, was stimmt. Wichtig ist, die Dankbarkeit zu spüren, es bekommen zu haben. Die Freude, dass es geschehen ist. Die Erleichterung, das jetzt vergessen zu können. Das ist auch erledigt. Gehen Sie ganz und gar in diese Energie hinein, dass es vollbracht ist, damit Ihnen diese Energie vertraut wird.

Dann können Sie auch bewusst die Konsequenzen erleben aus dem »Es ist vollbracht«.

Wie geht es jetzt weiter? Was ergeben sich da für Möglichkeiten? Ich gehe in die Konsequenzen. Jetzt erlebe ich, was folgt, nachdem es vollbracht ist. Ich bin jenseits des Ziels. Das heißt, das Ziel ist kein Ziel mehr, denn es liegt als Erfüllung hinter mir. Sobald Sie spüren, dass die Energie aufhört zu fließen und das Gefühl kommt, dass es vollbracht ist, brauchen Sie nur noch loszulassen. Das nennt man: geschehen machen.

Wo immer Sie aufgerufen sind, machen Sie so geschehen. Sehr oft wird etwas ganz Sonderbares passieren. Häufig nehmen wir an, es handle sich um eine große Prüfung für den anderen. Tiefes Leid. Jenseits der Schwelle ... Die Schwelle überschreiten heißt, die Identifikation mit dem Körper, die Persönlichkeit verlassen. In der allumfassenden Wahrnehmung. In der Rundumsicht, die Sie dann haben. Und in dieser Wahrnehmung, in dieser Wirklichkeit gilt es zu erkennen: Hier bin ich aufgerufen, geschehen zu lassen. Hier bin ich aufgerufen, geschehen zu machen.

Sie können immer wieder einmal eintauchen in diese Energie des erfüllten Wunsches. Damit erhalten Sie in sich die Gewissheit der Erfüllung aufrecht. Weil die Persönlichkeit sich mit dem Verstand verbinden kann und sagt: »Was, wenn ich mir das nur einbilde? Und es gar nicht wirklich geschehen ist? Ich bin beruhigt, und dann passiert es doch noch einmal.« Das kann ich verhindern, indem ich in die Energie der Gewissheit der Erfüllung gehe.

Ich spüre immer wieder einmal, dass es geschehen ist. Dass ich es erreicht habe.

Ich kann es sogar ausbauen und intensivieren, damit solche Gedanken gar nicht erst kommen, indem ich mir vorstelle, dass ich jemandem schildere, wie ich das Ziel erreicht habe.

Ein Beispiel: Sie stellen sich vor, jemand fragt Sie: »Wie haben Sie das denn gemacht, dass sich die Partnerschaft so verändert hat? Sie hatten da doch immer Sorge, dass ... Wie haben Sie das denn hingekriegt?« Sie antworten darauf mit einer Schilderung der Situation. Sie berichten genau, wie Sie es gemacht haben, was dazu geführt hat ... Während Sie erzählen, hören Sie sich dabei zu, und anschließend machen Sie es so, wie Sie geschildert haben, es gemacht zu haben.

Das Geheimnis der Wandlung

Zu diesem universellen Prinzip der spirituellen Manifestation gehört auch das Geheimnis der Wandlung. Das heißt, auch wenn schon etwas geschehen ist, eine Situation bereits schiefgelaufen ist – Sie können alles in jedem Augenblick wandeln.

Wenn wir nicht aus dem Zustand des Meisterseins herausfallen wollen, müssen wir das Richtige tun. Worauf es ankommt, ist eine ständige Meisterprüfung: In der Wahrnehmung bleiben, manifestieren, was sein soll und wandeln, was gewandelt werden soll.

Jetzt könnten wir noch einmal die Voraussetzung schaffen für die Hochzeit zwischen Geist und Materie. Das heißt: Jenseits der Schwelle bin ich pures Bewusstsein, aber jetzt sind Verstand, Körper, Persönlichkeit, Ich Teil meines Selbst. Ohne das Selbst sind sie Illusion. Jetzt gehe ich noch einmal als Bewusstheit und hole meine anderen Aspekte ab, jenseits der Schwelle. Mit offenen Augen.

Wenn Sie wollen, gehen Sie dorthin. Machen Sie sich bewusst, wer Sie sind, und als pure Bewusstheit gehen Sie jetzt einmal in Ihren Körper.

Bewohnen Sie Ihren Körper als pure Bewusstheit. Als pure Bewusstheit gehen Sie jetzt in den Verstand. Sie, pure Bewusstheit, denken mit Ihrem Verstand. Sie sind der Denker. Sie werden sehen – es geht ganz einfach. Sie, pure Bewusstheit, gehen gleichzeitig einmal in Ihr Gemüt. Fühlen Sie einmal Ihre Gefühle. Als pure Bewusstheit schlüpfen Sie nun in Ihre Persönlichkeit. Gestalten diese um, so wie sie Ihnen jetzt entspricht, und treten dann als Persönlichkeit in Erscheinung. Das sind nur Kleider, Aspekte. Sie sind pure Bewusstheit. Sie sind jenseits der Schwelle. Sie halten also ständig Ihre wahre Identifikation ganz bewusst und leben in dieser Identifikation, in dieser ständigen Intuition. Im Strom der Intuition. Dann sind Sie jenseits der Schwelle.

Das ist die Meisterprüfung, die jetzt vierundzwanzig Stunden am Tag abzuliefern ist. Sie sind nur Meister, solange Sie jenseits bleiben, und das könnte immer sein. Sie können jederzeit wieder herausfallen. Sie können aber auch jederzeit wieder zurückkehren.

Das heißt auch – die Suche ist beendet. Es gibt nichts mehr zu suchen. Sie haben alles gefunden. Sie haben sich gefunden und können alles Bisherige loslassen. In dieser bewussten Wahrnehmung bleiben Sie – mit der Vollmacht zu manifestieren.

Das gilt auf der materiellen und auch auf der geistigen Ebene. Sie können manifestieren, was immer Sie wollen. Nicht nur das, was stimmt. Und es geschieht.

Wenn Sie jedoch manifestieren, was nicht stimmt, tragen Sie die Folgen, weil Sie im Ich sind. Wenn Sie manifestieren, was stimmt, stimmt Ihr Leben, gibt es kein neues Karma. Sie sind im reinen, folgenlosen Tun. Sie leben als Meister.

Eine Situation kann verfahren sein. Sie greifen ein und wandeln sie um. Das ist Leben im TAO, in der Wirklichkeit. Der verlorene Sohn ist wieder nach Hause zurückgekehrt. Der Teil der Wirklichkeit, der in der Illusion der Trennung lebte, ist wieder Teil der gesamten Wirklichkeit. Handelt wieder im Einklang mit dieser Wirklichkeit.

Ein Experiment

Jetzt prüfen wir einmal, wie ernsthaft Sie mit diesen Dingen umgehen. Wir machen jetzt ein Experiment. Es ist Ihre Entscheidung, ob Sie daran teilnehmen.

Machen Sie jetzt bitte eine Pause und versuchen Sie einmal eine halbe Stunde nichts zu sprechen. Sie werden eines merken: Mit Ihren vielen Worten haben Sie verhindert, mit sich selbst konfrontiert zu werden. Es war die Angst vor sich selbst in der Stille. Sie entscheiden, ob Sie die Fähigkeit haben, diese Angst zu überwinden und die Stille als Lehrmeister anzunehmen. Bitte nehmen Sie dieses Experiment ernst. Nur damit Sie einmal die Erfahrung gemacht haben, dass Sie eine halbe Stunde überstehen, ohne ein einziges Wort gesagt zu haben.

Wenn ich Seminarteilnehmer beobachte, wie sie ohne Gespräche ihre Pause verbringen, fällt mir auf, dass sie sich dennoch anschauen und wahrnehmen. Sonst – im täglichen Leben – verhalten sich Menschen, die in einer bestimmten Situation zusammenkommen, oft wie im Fahrstuhl. Man steht beieinander, schaut jedoch irgendwohin. Man liest dann ganz angestrengt die Angaben auf dem Schild im Aufzug. Wie der Aufzug beschaffen ist. Man vermeidet sich anzuschauen.

Es ist Ihre Entscheidung, wann Sie sich wieder einmal das Geschenk der Stille machen. Denn die Stille ist ein fantastischer Lehrmeister. Sie können in der Stille mit Sicherheit jedes Mal mehr erfahren, als wenn Sie sich unterhalten hätten.

Ruhen im Tun

Zu diesem Meisterbewusstsein gehört, jenseits der anderen Schwelle, dass Aktivität und Ruhe miteinander verschmelzen. Erinnern wir uns an die Hunzas: Sie beherrschen das Ruhen im Tun – und das ist auch eine der charakteristischen Eigenschaften eines Meisters. Er kann sehr aktiv sein und trotzdem tief in sich ruhen. Vielleicht sollten auch wir das üben.

Am leichtesten ist es in den frühen Morgenstunden, wenn noch keine Geräusche hereindringen, die Hektik des Tages noch nicht erwacht ist. Sie können sich dann am ehesten in eine Tätigkeit versenken – ohne jeden Gedanken an irgendetwas anderes, nicht einmal an einen möglichen Erfolg oder irgendein Ergebnis. Es ist ein Eintauchen in das, was Sie gerade tun. Es mag bedeutend oder unbedeutend sein. Vielleicht rasieren Sie sich. Oder Sie duschen. Oder Sie putzen sich die Zähne. Versinken Sie einmal ganz in dieses Tun.

Oder Sie nehmen einen Schluck Ihres Morgenkaffees. Nutzen Sie einmal die Chance, Aktivität und Ruhe miteinander zu verbinden, so wie die Hunzas. Je aktiver Sie werden, je mehr Sie im Außen handeln, desto tiefer sinken Sie in eine Ruhe. Es ist also ein Ruhen im Tun, ein Sein in der Zeitlosigkeit, in der Ewigkeit des Augenblicks.

Genießen Sie das Tun. Ganz gleich, was es gerade ist. Sie werden feststellen, erst diese Zeitlosigkeit ermöglicht den wahren Genuss. Denn die Kunst des Genießens gehört zum Weg des TAO, da wir jede Situation des Lebens zu genießen lernen. Überlegen Sie einmal, was das bedeutet, welche Herausforderung das ist.

Jede Situation genießen bedeutet, dass es sich um angenehme und unangenehme Augenblicke handelt. Sie können einmal in die Wertfreiheit gehen. Sagen Sie nicht: »Das ist jetzt unangenehm.« Oder: »Musste das jetzt sein?« Oder: »Könnte der nicht wenigstens …? Der braucht jetzt doch nur …« Sondern nehmen Sie die Dinge einfach an, so wie sie sind. Ohne sie zu bewerten.

In dieser Zeitlosigkeit kann man natürlich am leichtesten leben. – Jenseits der Schwelle. – Wenn man im Cabriolet ist, in der Unendlichkeit des Seins, dann ist das eine ganz profane Handlung. Eine Tasse Kaffee genießen. Die Wolken am Himmel. Die Musik. Das Essen. Die Sexualität. Den Sonnenuntergang. Die Ruhe der Nacht.

Wir werden in der Stille Entdeckungen machen und dabei erkennen, dass wahrer Genuss nicht abhängig von irgendwelchen Umständen ist, sondern von der Zeitlosigkeit, in der wir diesen Umstand stattfinden lassen.

Diese Zeitlosigkeit können Sie jederzeit schaffen. Versuchen Sie es. Sie finden in die Zeitlosigkeit, indem Sie Ihrem Verstand zuschauen. Gehen Sie in Ihren Verstand und beobachten Sie, was gedacht wird. Erstaunlicherweise wird er gleich ruhiger. So, als ob der Chef selbst hereinschaut. Dann sind auf einmal alle ganz achtsam. Schauen Sie Ihrem Verstand so lange zu, bis er ganz ruhig geworden ist. So kommen Sie in die Zeitlosigkeit.

Während Sie das versuchen, lassen Sie eins nach dem anderen los und dann lassen Sie auch das Loslassen los. Dann ist es still!

Es gibt noch eine einfachere Übung: Nehmen Sie irgendeinen Gegenstand, auf den Ihr Blick fällt, in die Hand. Machen Sie dabei einen tiefen Atemzug. Und dann legen Sie den Gegenstand anmutig und meisterhaft zurück.

Das können Sie natürlich auch mit einer Bewegung machen. Mit Gymnastik. Mit Tanzen. Sie können auf diese Weise auch meditativ essen.

Anmutig ruhig in der Zeitlosigkeit. So wird Leben zur ständigen Meditation. Sie können jederzeit darin eintauchen. Vorübergehend, länger und irgendwann vielleicht auch für immer.

Wenn Sie in der Zeitlosigkeit meditieren, versuchen Sie auch einmal, den Meditierenden loszulassen. Dann ist niemand mehr da. Aber Sie sind noch da als reine Existenz. Nicht als jemand.

> Solange du noch jemand bist,
> bist du niemand.
> Erst wenn du niemand bist,
> bist du jemand.

Das Wunder der wahren Konzentration

Sie können natürlich auch ohne Meditieren losgelassen leben. Sie bleiben in der reinen Existenz. Denn Sie lassen einfach alles los. So könnten Sie – und das gehört zu einem Meister – das Wunder der wahren Konzentration erleben, indem Sie sich ständig so vertiefen in Ihr Tun, dass Sie förmlich damit verschmelzen. Und zwar ganz gleich, was Sie gerade machen.

Es kann etwas Hehres sein. Oder Sie sitzen auf der Toilette. Es ist völlig gleich. Die profansten Dinge bekommen plötzlich eine Anmut und Inhalt, wenn Sie sie so bewusst tun, dass Sie damit verschmelzen. Bleiben Sie doch einmal so vertieft in Ihr Tun.

Besonders Kinder können das noch gut. Sie sind oft so eins mit ihrem Tun, dass sie die Außenwelt nicht mehr wahrnehmen. Das können wir wieder von den Kindern lernen. Aber auch aus der Erinnerung. Sie alle konnten das einmal. Dieses Versinken in ein Tun. Und damit in die Zeitlosigkeit gehen. In diesem Bewusstsein haben wir auch eine andere Fähigkeit. Nämlich die Ereignisse des Lebens zu genießen wie eine Melodie.

Nicht VON dieser Welt, aber IN dieser Welt

Das Leben im TAO lehrt Frieden jenseits von Lärm oder Stille. Einen Frieden jenseits der Ereignisse, der Umstände. Einen Frieden, eine innere Ruhe, die nicht abhängig ist von äußeren Situationen. Das TAO lehrt einfach eins zu werden mit dem, was ist. In die Wirklichkeit zurückzukehren und zu sein. Das TAO lehrt uns in der Unendlichkeit zu bleiben, während wir uns in der Endlichkeit bewegen.

Sie können also als ewiges Wesen in die Zeit eintauchen. In den Raum. In die Materie. In den Körper. In den Verstand. In die Emotionen. In die Auseinandersetzung. Und bleiben doch ganz bewusst ewige Existenz. Das TAO verlangt nur, sich stets seiner selbst bewusst zu sein und seiner Natur entsprechend zu handeln. So wenig sinnvoll es ist, nur die weißen Tasten eines Klaviers zu spielen, so wenig Sinn macht es, nur die schwarzen zu benutzen. Erst wenn Sie beide spielen, bekommt die Melodie Ihres Lebens Farbe.

Prüfen Sie gleich noch einmal im Meisterbewusstsein, wo Sie noch etwas von der Vollkommenheit ausschließen. Wie sieht es mit Geld aus? Mit Materie? Mit Besitz? Mit Menschen? Mit Sympathie? Mit Antipathie? Wo sind Sie noch im Urteil?

Wenn Sie in diesem Bewusstsein sind, passiert ein Wunder. Sie lernen wieder etwas zu sagen, während Sie sprechen. Sie sind wieder da, weil Sie im TAO selbst zur Sprache geworden sind. Das Sein, das TAO spricht durch Sie.

LESERSERVICE

Kurt Tepperwein persönlich oder in einem Heimseminar erleben!

Wünschen Sie tiefer in das Thema dieses Buches einzusteigen, dann empfehlen wir Ihnen, die folgende Chance zu nutzen:

Gewünschtes bitte ankreuzen!

Seminare/Ausbildung:

☐ Motivationsseminare mit verschiedenen Themen (Tagesseminare)
☐ Ausbildung zum Dipl. Lebensberater/in

Ausbildungen mit Felix Aeschbacher (Lehrbeauftragter v. K. Tepperwein):

☐ Dipl. Mental-Trainer/in
☐ Dipl. Bewusstseins-Trainer/in
☐ Dipl. Intuitions-Trainer/in
☐ Dipl. Seminarleiter/in
☐ Meditations-Trainer/in (Zertifikat)

Heimstudienlehrgänge:

☐ Einführungslehrgang »Die 7 Schritte zur Erfolgspersönlichkeit«
☐ Dipl. Lebensberater/in
☐ Dipl. Mental-Trainer/in
☐ Dipl. Intuitions-Trainer/in
☐ Dipl. Seminar-Leiter/in
☐ Dipl. Erfolgs-Coach/in
☐ Dipl. Gesundheits- + Ernährungs-Berater/in
☐ Dipl. Partnerschafts-Mentor/in

Gesamtprogramme:

☐ Gesamtseminar- und Ausbildungsprogramm IAW
☐ Neuheiten der Bücher-, CD- und DVD-Programme von Kurt Tepperwein
☐ Gesundheitsprodukte-Programm

Dazu ein persönliches Geschenk:

☐ Die 20-seitige Broschüre »Praktisches Wissen kurz gefasst« von Kurt Tepperwein

Sie erhalten Ihre gewünschten Informationen selbstverständlich kostenlos und unverbindlich

Internationale Akademie der Wissenschaften (IAW)

St. Markusgasse 11, FL-9490 Vaduz
Tel. 0 04 23 2 33 12 12   Fax 0 04 23 2 33 12 14
Deutschland Tel. + Fax 09 11 69 92 47 (Beratungssekretariat)
E-Mail: go@iadw.com   Internet: www.iadw.com

LESERSERVICE

Kurt Tepperwein persönlich oder in einem Heimseminar erleben!

Wünschen Sie tiefer in das Thema dieses Buches einzusteigen, dann empfehlen wir Ihnen, die folgende Chance zu nutzen:

Gewünschtes bitte ankreuzen!

Seminare/Ausbildung:

☐ Motivationsseminare mit verschiedenen Themen (Tagesseminare)
☐ Ausbildung zum Dipl. Lebensberater/in

Ausbildungen mit Felix Aeschbacher (Lehrbeauftragter v. K. Tepperwein):

☐ Dipl. Mental-Trainer/in
☐ Dipl. Bewusstseins-Trainer/in
☐ Dipl. Intuitions-Trainer/in
☐ Dipl. Seminarleiter/in
☐ Meditations-Trainer/in (Zertifikat)

Heimstudienlehrgänge:

☐ Einführungslehrgang »Die 7 Schritte zur Erfolgspersönlichkeit«
☐ Dipl. Lebensberater/in
☐ Dipl. Mental-Trainer/in
☐ Dipl. Intuitions-Trainer/in
☐ Dipl. Seminar-Leiter/in
☐ Dipl. Erfolgs-Coach/in
☐ Dipl. Gesundheits- + Ernährungs-Berater/in
☐ Dipl. Partnerschafts-Mentor/in

Gesamtprogramme:

☐ Gesamtseminar- und Ausbildungsprogramm IAW
☐ Neuheiten der Bücher-, CD- und DVD-Programme von Kurt Tepperwein
☐ Gesundheitsprodukte-Programm

Dazu ein persönliches Geschenk:

☐ Die 20-seitige Broschüre »Praktisches Wissen kurz gefasst« von Kurt Tepperwein

Sie erhalten Ihre gewünschten Informationen selbstverständlich kostenlos und unverbindlich

Internationale Akademie der Wissenschaften (IAW)
St. Markusgasse 11, FL-9490 Vaduz
Tel. 0 04 23 2 33 12 12 Fax 0 04 23 2 33 12 14
Deutschland Tel. + Fax 09 11 69 92 47 (Beratungssekretariat)
E-Mail: go@iadw.com Internet: www.iadw.com